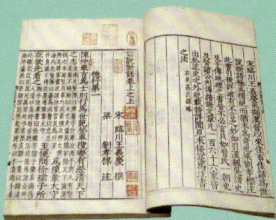

420 年，刘裕代晋自立，
建立刘宋

502 年，南梁建立

548 年，侯景之乱爆发

589 年，隋灭南陈，
统一全国

460 年，云冈石窟始建

524 年，六镇起义

577 年，北周灭北齐

米阳光童书馆
little ray of sunshine

编　者：一米阳光童书馆成立于 2012 年 8 月，由几位志同道合的知名童书推广人和海归妈妈共同组建而成。童书馆以"每一本好书，都是照进孩子心中的一米阳光"为核心理念，用父母心，做半凡事，致力于用现代手法叙述传统故事，全力帮助每一位孩子爱上阅读，开启更加丰富的人生。

奂知 奂知 手绘组
YuZhi Freehand Drawing Group

绘　者：奂知文化手绘组，享誉国内的顶级手绘工作室，成立于 2015 年，团队成员来自游戏设计、壁画、影视、艺术品设计、舞台、雕塑、油画等行业，坚持精细化创作，致力于通过手绘方式为读者带来"革命性阅读体验"。

创作团队：　项目策划　刘祥亚
　　　　　　项目统筹　牛瑞华　张　娜　崔珈瑜
　　　　　　美术顾问　樊羽菲　支少卿　谢步平　王少波　程建新　徐　杨　申　杰　周　爽　邓称文
　　　　　　文字撰写　李智豪　沈仲亮　余瀛波　郭梦可　牛齐培　陈阳光　吴　梦

图书在版编目（CIP）数据

魏晋风度 / 一米阳光童书馆编；奂知文化于绘组绘
. -- 北京：北京联合出版公司，2020.12（2024.4 重印）
（手绘中国历史大画卷）
ISBN 978-7-5596-3801-4

Ⅰ.①魏… Ⅱ.①一… ②奂… Ⅲ.①中国历史—魏晋南北朝时代—儿童读物 Ⅳ.①K235.09

中国版本图书馆 CIP 数据核字 (2020) 第 188070 号

手绘中国历史大画卷3：魏晋风度

编　　者：一米阳光童书馆
绘　　者：奂知文化手绘组
出 品 人：赵红仕
选题策划：阳光博客
责任编辑：周　杨
封面设计：阳光博客+李昆仑

北京联合出版公司出版
（北京市西城区德外大街83号楼9层　100088）
北京联合天畅文化传播公司发行
天津创先河普业印刷有限公司　新华书店经销
字数166千字　787毫米×1194毫米　1/8　8印张
2020年12月第1版　2024年4月第4次印刷
ISBN 978-7-5596-3801-4
定价：798.00元（全8册）

阅读建议

亲爱的读者朋友们，欢迎您打开这套书，走入中国历史文化的长廊，共同感受 5000 年中华文明的璀璨成果。为了便于大家阅读，特做出几点说明：

（1）　此次历史文化之旅的起点是距今约 70 万到 20 万年之间的北京猿人，终点是 1912 年清帝退位。在几十万年的历史长河中，我们选择了 104 个专题，每个专题由两部分组成，第一部分是以手绘大图的形式进行历史场景的还原，第二部分是相关主题的知识问答（每个专题分设了 8~10 个小问题）。

（2）　每个历史场景都像一个展览橱窗，展示了中国历史上的高光时刻，在欣赏画面的同时，还可以关注画面四周的文字，我们设置了许多与历史事件相关的知识点、兴趣点和思考点，家长陪伴孩子阅读和对画面进行讲解的时候，可以参考这些内容。

（3）　专题知识采用一问一答的形式，在设置问题的时候，我们充分考虑了孩子的认知水平和兴趣点，并针对全国十余所中小学的学生做了上万份调查问卷，力求站在孩子的角度问出他们最感兴趣的问题，并用孩子听得懂的方式进行解答。

（4）　每个专题既相对独立，又有时代上的联系性，可以作为随手翻开的历史百科书。我们在每册的开篇还设置了"历史长河站点示意图"，读者朋友们可以通过这个示意图查看每个主题的位置和关联。

一米阳光童书馆◎编　　奂知文化手绘组◎绘

手绘中国历史大画卷 ③

——魏晋风度——

北京联合出版公司
Beijing United Publishing Co.,Ltd.

目录

挟天子以令诸侯

　　东汉末年，天下大乱，地方割据，"诸侯"林立。曹操凭借自己的胆识和谋略在各个割据势力中崛起。后来，他迎汉献帝刘协到自己的大本营许昌，以皇帝的名义征讨四方，最终统一北方。

发生了什么事？一个大臣竟然在朝堂上掩面哭泣起来，其他人的神色也十分凝重。

博山炉

汉献帝

曹操

博山炉是魏晋时期常见的焚香器具，炉盖镂空呈山形，雕有云气纹、人物及鸟兽，炉中焚香时，轻烟缭绕，仿佛传闻中的海上仙山"博山"，故而得名。画面中有两个博山炉，你能都找出来吗？

据《后汉书·舆服志下》记载："进贤冠，古缁布冠也，文儒者之服也。"因此，与武官不同，朝堂上的文官们都戴着进贤冠。

提示一下，朝堂上的武官都戴着鹖（hé）冠，也就是用鹖羽（一种类似雉鸡的鸟的羽毛）做装饰的冠。

你知道吗？在殿阶左右两侧侍奉的人，有一个专属的名字，叫"侠陛"。数一数，画面中有几个侠陛？

← 东汉末年与西周时期的"诸侯"一样吗？ →

当然不一样了。"诸侯"本义是指周代分封制下贵族的一个等级，地位仅次于天子，可以在地方建立诸侯国，比如战国七雄——齐、楚、秦、燕、赵、魏、韩就都是诸侯。秦统一天下以后，历朝历代都主要采取中央集权的郡县制，分封制偶有出现，但已经不是主流。

但是，在王朝末年，中央权力衰落之时，地方势力通常就会变得强大，从而形成割据政权，所以，人们也会用"诸侯"来指代地方割据势力。东汉末年就属于这种情况。

东汉末年的地方割据是如何形成的？

这就要说到诸葛亮在《出师表》中所说的"亲小人，远贤臣"的皇帝——东汉后期的汉桓帝和汉灵帝。这两个皇帝都是昏君，他们宠信宦官，生活奢靡，对百姓搜刮无度，甚至卖官敛财。再加上当时瘟疫流行，百姓流离失所，生活苦不堪言，只能被迫起来反抗。

184年，张角利用宗教太平道，组织农民发动起义，打出"苍天已死，黄天当立，岁在甲子，天下大吉"的口号。因为头裹黄巾，所以起义军被称为"黄巾军"。面对声势浩大的黄巾军，东汉朝廷急忙调集军队平定。

在严峻的战争形势下，汉灵帝扩大了地方长官的权力。当时，郡以上的行政单位称为"州"，州的长官称为"州牧"，掌管一州的军政大权。

最终，黄巾起义被平定，但割据军阀纷纷崛起，东汉王朝已经名存实亡。中国历史又进入了一个大分裂时期。

可以说，东汉末年地方割据的形成，与黄巾起义有密切关系。著名的章回体历史演义小说《三国演义》在叙述三国时期的历史时，就是从184年的黄巾起义开始的。

黄巾义旗

东汉末年，宦官与外戚争权夺利，社会动荡。巨鹿人张角领导的农民头裹黄巾在宗教掩护下，以："苍天已死，黄天当立，岁在甲子，天下大吉。"为口号，发动了有组织有准备的农民战争。

黄巾義旗

"挟天子以令诸侯"是曹操首创吗？

不是，在曹操之前，董卓其实也采取过类似的策略。

汉灵帝死后，17岁的刘辩继位，也就是后来的汉少帝。由于年幼，少帝让舅舅何进掌握朝政。何进想要清除宦官势力，秘密征召并州牧董卓率军来洛阳打压宦官。但是由于消息走漏，何进被宦官杀死，何进的手下袁绍趁机把宦官势力一网打尽。外戚与宦官两败俱伤，这让进入洛阳的董卓得以坐收渔翁之利。

董卓废掉少帝，立少帝的弟弟刘协为帝，即汉献帝，董卓自封为太师，掌控朝政。所以，第一个挟天子以令诸侯的人是董卓。

但是，董卓为人霸道，杀伐无度，引起一些地方诸侯的不满，于是他们结成联盟起兵讨伐董卓。董卓为避其锋芒，强迫献帝迁都到自己的大本营长安，然后将洛阳洗劫一空。

192年，董卓被义子吕布杀死，据说消息一出，整个长安城的百姓都欢呼庆祝，甚至有人用珠宝换酒肉，可见董卓的失败是民心所向。

貂蝉
（闭月）

中国古代四大美女之一貂蝉。《三国演义》中的故事是这样的：貂蝉是司徒王允的歌女，她用美人计离间董卓和吕布的关系，并最终借吕布之手铲除董卓。其实，历史上并没有貂蝉这个人，她是《三国演义》中创造的人物形象

董卓死后，汉献帝去了哪儿？

董卓死后，他的部下互相攻杀，长安陷入混乱，汉献帝冒死逃走，回到洛阳，但此时的洛阳已是一片废墟。

不过，曹操慧眼识珠，认识到了这位流浪天子的独特价值，196年，他亲自迎接汉献帝到许昌（今河南），开启了"挟天子以令诸侯"的政权模式。

这种模式持续了20多年，直到220年，曹操的儿子曹丕废掉汉献帝，建立魏国，东汉王朝才正式终结。

曹操是谁？他是如何起家的？

曹操，字孟德，小字阿瞒。曹操出身于一个地位显赫的家庭，他的祖父是宦官曹腾，在宫中很有权势，他的父亲曹嵩（sōng）是曹腾的养子。据《后汉书·宦

木偶形象的曹操

者列传》记载，曹嵩曾花一亿万钱买了一个太尉的官职，位列"三公"之首（"嵩灵帝时货赂中官及输西园钱一亿万，故位至太尉"）。

曹操自幼博览群书，擅长写诗文，也有过人的武艺，曾被人评价为"治世之能臣，乱世之奸雄"。20岁时，曹操到洛阳做官。黄巾起义爆发后，曹操奉命平定起义，曾立下战功。

董卓进入洛阳后，曹操见董卓倒行逆施，不愿与他合作，于是逃出洛阳，耗尽家财，招募军队，加入以袁绍为首的反董卓联盟，但不久后，联盟就因内讧瓦解了。

后来，曹操做了兖(yǎn)州牧，一边招贤纳士，一边收编黄巾军的残余势力，壮大自己的实力。此后，曹操与其他军阀作战，不断扩大自己的地盘，逐渐站稳了脚跟。

曹操为什么要"挟天子以令诸侯"？

东汉末年，皇帝已经不再掌握实权，甚至任人摆布，但是在老百姓的观念中，皇帝依然是至高无上的天子。曹操控制了汉献帝，假借汉朝皇帝的名义，向各地军阀发号施令，因而占据了道义上和政治上的优势地位，为自己逐鹿中原、争霸天下创造了有利条件。

当代著名历史学家翦伯赞曾说，曹操是"把黄袍当作衬衣穿在里面"，意思是，曹操有皇帝之实，却不求皇帝之名。

当时曹操最大的对手是谁？

当时，曹操统一北方最大的敌人是袁绍。

坐落于中牟县官渡古战场遗址内的官渡古寺，传说是袁绍屯兵处

袁绍是北方最强大的一股势力，他的家族中有四代人担任三公的官职，号称"四世三公"，门徒学生和老部下遍布天下。

面对不断扩张地盘的曹操，袁绍显然不能坐视不理。200年，袁绍举兵进攻曹操，双方在黄河南岸的官渡（今河南中牟东北）形成对峙，历史上著名的官渡之战就此爆发。

官渡之战的赢家是谁？

从兵力来看，袁绍的军队远远多于曹操。但是，袁绍集团也存在着很多问题：内部矛盾重重，不能团结一致，再加上袁绍本人领导才能不足，这些问题为袁绍集团的失败埋下了祸根。

两军在官渡展开决战时，曹军出奇兵偷袭乌巢，烧毁了袁军储存在那里的粮草。袁绍的谋士郭图犯了错误，把责任推卸到指挥军队的将领张郃(hé)身上，张郃气不过，就向曹军投降。最终，曹军全线出击，袁军溃败。

官渡之战是中国历史上一次著名的以少胜多的战例。官渡之战的胜利，为曹操统一北方奠定了基础。

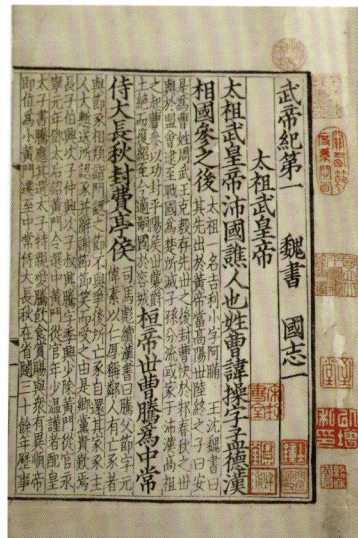
据《三国志·魏书·武帝纪》记载，曹操曾这样评价袁绍："吾知绍之为人，志大而智小，色厉而胆薄，忌克而少威，兵多而分画不明，将骄而政令不一，土地虽广，粮食虽丰，适足以为吾奉也。"意思是说：我知道袁绍的为人，他志向远大却缺少智慧，表面威严却胆小怕事，忌讳别人有才智自己又没有什么威严，军队多却缺乏明确的组织，将领骄横却没有统一的指挥。土地虽广，粮食虽多，但那都是给我准备的呀

官渡之战的胜利意味着曹操已经统一北方了吗？

不是，虽然曹操取得了官渡之战的胜利，但袁绍在黄河以北还保持着强大的势力，依然是曹操的劲敌。

官渡之战后的第三年，袁绍失意而死，三个儿子为争夺继承人之位彼此开战。曹操趁机进军河北，逐步消灭了袁绍的势力，最终于208年（建安十三年）平定河北全境。

也是在这一年，真正掌握了大权的曹操废除了三公制，恢复丞相制度，并且自任为丞相，他称霸天下的梦想又往前推进了一步。

> **知识拓展："丞相"是做什么的，和"宰相"一样吗？**
>
> "相"在古代有辅佐的意思，后来引申为官职名称。"宰相"并非具体的官名，而是泛指辅佐帝王治理国家的官员，因此，历朝历代宰相的官名、职权大小、行使职权的方式都有所不同。而"丞相"则是一个具体的官职名称。
>
> 春秋时期，相正式成为官名；战国时期，各国都设置了相。秦统一六国后，秦始皇设置丞相，权力很大。汉承秦制，也设置了丞相，但是汉武帝执政后，采取许多措施限制、压制相权。在此之前，西汉没有一个丞相被杀，但是汉武帝在位期间，频繁任免丞相，先后共出现了13个丞相，其中5个被逼自杀或被处死，丞相一度成为最危险的职业，由此也可看出王权与相权的冲突。汉成帝时设置丞相、大司马、大司空为三公，分别掌管丞相的一部分职务。汉哀帝时改丞相为大司徒，"丞相"这一官职一度消失。东汉末年，曹操挟天子以令诸侯，又恢复了"丞相制"，并自任丞相。三国时期的蜀汉政权中，诸葛亮的官职也是丞相。
>
> 后来，在大多数的历史时期里，并不存在"丞相"这一官职，但文艺作品中常会笼统地使用。

赤壁之战

　　统一北方以后，雄心勃勃的曹操举兵南下，意图统一全国。寄居荆州的刘备和占据江东的孙权组成孙刘联军，在赤壁大败曹操，这就是历史上著名的赤壁之战。赤壁之战初步奠定了三国鼎立的格局。

大战在即，有两个曹军士兵正在讨论这场战役的胜负，他们在哪儿呢？

曹军

东汉末年，楼船已经普遍运用在水战中，据说，东吴所造的楼船有5层，可载3000名士兵。仔细观察一下画面中战船的细节吧！

唉？曹军的船舰为什么都连在了一起？阅读第8页的内容，你就会找到答案。

孙刘联军

有几艘小船正在慢慢向曹军舰队靠近，你能猜到他们打算做什么吗？

曹操

打仗除了要有冲锋陷阵的士兵，还需要有出谋划策的谋士，谋士们都在做什么呢？快去找看。

为什么荆州成为必争之地？

曹操南下的第一目标是荆州。荆州非常富庶，地理位置优越，具有重要的战略意义，历来都是兵家必争之地。而且，当时的荆州牧刘表年老体衰，两个儿子不和，这也为曹操南下创造了机会。

孙刘联军是如何达成合作的？

208 年，曹操率军开赴荆州，此时刘表病死，继位的次子刘琮未作任何抵抗，就直接选择向曹操投降。之前依附刘表的刘备只好率部众向南撤退，但被曹军骑兵击溃，物资都被曹军夺走。刘备抛下妻儿逃跑，与关羽率领的水军会合，而后集结刘琦（刘表的长子）的部众，一起退到夏口。

随后，曹操进军江陵，并准备顺长江东下，直逼江东的东吴政权。眼看曹操大军压境，东吴内部不少人畏惧曹军威势，主张投降。但周瑜坚决反对，并详细陈述了双方的优势与劣势，指出曹操的冒进与隐患，得出"将军擒操，宜在今日"的结论，使孙权坚定了抗曹的决心。

在谋士鲁肃与诸葛亮的谋划下，孙权与刘备结成联盟，共同对抗强敌曹操。

刘备是刘氏皇族吗？

刘备，字玄德，据《三国志》记载，他是汉景帝的儿子、中山靖王刘胜的后代。而在《三国演义》中又虚构了汉献帝称其为皇叔的情节。

其实，刘备的皇族身份水分很大。中山靖王有很多子嗣，到东汉末年已传了 300 多年，后代更是数不胜数，在当时的社会条件下，很难鉴定。

刘备少年丧父，家境贫寒，与母亲靠卖鞋、织席为生，与贵族的优渥生活相去甚远。不过，这种艰苦的生活让刘备得到锻炼，他年少老成，喜欢结交天下豪侠，手下聚集了关羽、张飞等青年豪俊，为日后的崛起打下坚实的基础。

刘备是如何来到荆州的？

黄巾起义爆发以后，刘备加入了平定起义的队伍。在军阀混战中，刘备历经曲折，屡遭挫败，四处流落。他投靠老朋友公孙瓒（zàn），但公孙瓒被袁绍打败；他投靠徐州牧陶谦，并且在陶谦死后继承了徐州的地盘，但被吕布乘虚而入夺了徐州；他投靠曹操，后来与曹操反目，又被曹操打败；他投靠袁绍，结果袁绍被曹操打败，刘备只好又投奔荆州的刘表。

孙权是怎样起家的？江东的情况是怎样的？

孙权，字仲谋，他的父亲是孙坚，哥哥是孙策。孙权的势力范围主要在江东地区。江东，又称江左，指长江下游南岸地区。

孙坚也是依靠平定黄巾起义起家的，后来成为袁术的部下。袁术命孙坚讨伐刘表，刘表派部将黄祖抵抗。孙坚击败黄祖并围攻襄阳，单枪匹马到岘（xiàn）山观察地形，被黄祖手下军士射死。

孙策是孙坚的长子，他接过父亲的事业，率军占领了江东地区，建立了比较稳固的根据地。但是，孙策遭人刺杀，死时只有 25 岁。临终时，他把事业托付给了弟弟孙权。在周瑜、张昭等人的辅佐下，孙权很快稳定了局势。

这时，曹操已经打败了袁绍，对荆州虎视眈眈。于是，孙权决定先发制人，进攻荆州，消灭了黄祖。

唐·阎立本《历代帝王图》之刘备、孙权、曹丕像

赤壁之战也是以少胜多吗？

是的。和官渡之战一样，赤壁之战也是中国历史上著名的以少胜多的战例。

208 年 12 月，曹军与孙刘联军相遇于赤壁（今湖北赤壁市西北，一说今湖北武汉市西赤矶山），并在此展开决战。

曹军人数虽然远远多于孙刘联军，但是曹军在战前遇到了一些问题。曹军士兵多为北方人，在南方水土不服，军中瘟疫流行。双方刚一交战，曹军不利，撤退到江北，联军驻扎在南岸。

曹军不擅长水战，所以把船舰连接在一起，士兵在上面如履平地。联军见状，决定用火攻。

周瑜部将黄盖假装投降曹操，率领几十艘舰船乘着东南风驶向曹军舰队。曹军以为黄盖来降，都跑出来看热闹。谁知在靠近曹军舰队时，黄盖点燃舰上的柴火，自己乘小船返回。火船冲入曹军舰队，烧了曹军战船还波及到岸上的军营。联军趁势冲杀，曹军大败，死伤无数。曹操狼狈逃走，被迫撤回北方。

这场战役使曹操南下统一全国的野心破灭，魏、蜀、吴三股势力鼎立的局面初步形成。

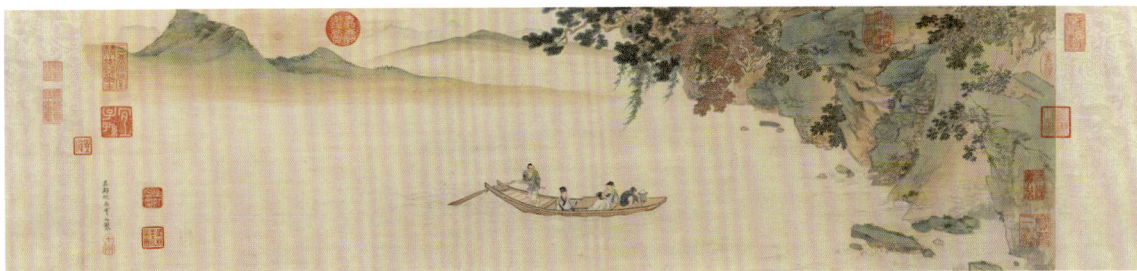

明·仇英《赤壁图》，现藏于辽宁省博物馆

赤壁之战中，曹操为什么会失败？

曹操失败的因素是多方面的。

从主观方面看，曹操的对手孙权、鲁肃、周瑜、刘备、诸葛亮等人都不是等闲之辈，他们的眼界与才能并不在曹操之下。

从客观方面看，长期的战乱严重破坏了中原地区的经济，曹操的实力还不足以消灭刘备、孙权等割据势力。

总之，统一全国的条件还不成熟，曹操的失败是必然的。

孙权纪念馆"草船借箭"模型

草船借箭在历史上真的发生过吗？

罗贯中撰写的历史小说《三国演义》第四十六回叙述了诸葛亮草船借箭的故事，其实这个故事是虚构的。草船借箭的故事原型是发生在孙权身上的一件事。

据《三国志》引用《魏略》一书中所说：建安十八年，曹操起兵进攻东吴的濡须（今安徽无为），两军隔江对峙，孙权乘一条大船靠近曹军侦察。曹军发现后，命令士兵乱射。孙权所乘的大船因为一面中了很多箭，变得很重，导致船发生倾斜，快要翻了。孙权急中生智，将船掉转方向，让另一面也受箭，使船得以平衡，安全返回。

千里走单骑

这件事引起了罗贯中的注意，于是就把它安排到了诸葛亮的身上。

实际上，《三国演义》里有很多我们耳熟能详的故事，比如"三英战吕布""温酒斩华雄"都是罗贯中虚构的，但是由于这些故事的情节引人入胜、生动感人，不仅成为小说中被人铭记的经典片段，而且还被改编为京剧、评书、相声等艺术形式，为人们所熟知。

关羽"千里走单骑"也是《三国演义》创作的情节，历史上并没有记载

赤壁之战之后，孙刘联盟怎么样了？

赤壁之战以后，刘备占据了半个荆州，站稳了脚跟。此后，刘备按照"隆中对"的既定方针，先后取得了益州和汉中。

孙权见刘备取得益州，派人向他索要荆州，然而刘备却不愿意归还，双方产生摩擦，差点儿刀兵相向。最终，经过讨价还价，双方达成妥协，刘备做了让步。后来，人们还把这件事概括为一句歇后语："刘备借荆州——有借无还。"可见，孙刘联盟并不稳固。

刘备占领汉中后，命令关羽北攻曹操，关羽水淹七军，取得了一系列胜利。刘备势头正猛，不仅吓得曹操打算把都城迁出许昌，也引起了孙权的不安。于是，孙权暗中与曹操联络，趁关羽大军北进之时，派吕蒙偷袭荆州，占领江陵。关羽腹背受敌，败走麦城，最终被孙权军队杀害。

关羽死后，孙权掌控了整个荆州的南部，后来魏、蜀、吴三国的领土范围基本上就是在这个时候确立的。

三国鼎立的局面在什么时候最终形成的？

221 年，刘备以为关羽报仇为名，亲率水陆大军沿长江东下，杀向东吴，目的是夺回失去的荆州之地。因为战争的主战场在夷陵（今湖北宜昌市东南），所以被称为"夷陵之战"。

吴蜀两军在夷陵对峙了半年之后，蜀军疲惫，斗志大衰。吴军主帅陆逊趁机反攻，对蜀军营寨发动了火攻，同时令水军逆流发动攻击。四面围攻之下，蜀军土崩瓦解，刘备趁夜色突围，退至白帝城（今重庆奉节县东）。

夷陵之战让蜀国元气大伤，事后诸葛亮对战争的教训进行了总结，最后决定放弃在荆州的利益，从而换取与孙吴的重新结盟。

夷陵之战以后，魏、蜀、吴三股势力达成了暂时的平衡，三国鼎立的格局最终形成。

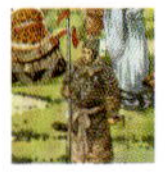

诸葛亮七擒孟获

　　夷陵之战失败后，刘备悔恨交加，病逝于白帝城。临终前，他把儿子刘禅和蜀汉政权一并托付给了诸葛亮。这时，南中地区的少数民族首领孟获发动叛乱，于是就有了诸葛亮七擒孟获的故事。

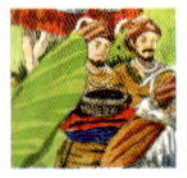

归顺的孟获部下还献上了很多礼物，你能找到这个捧着黑色器皿的人吗？

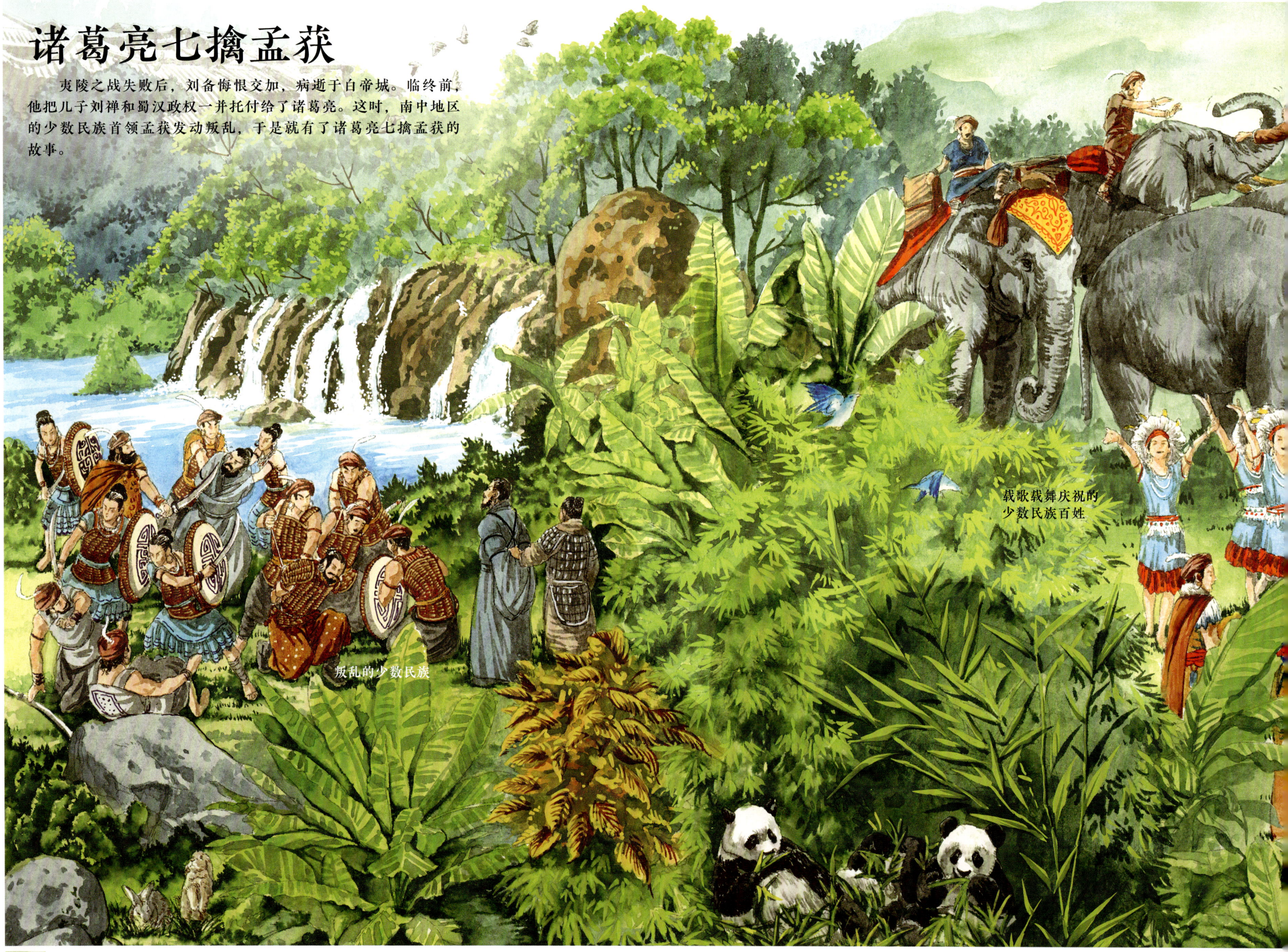

载歌载舞庆祝的少数民族百姓

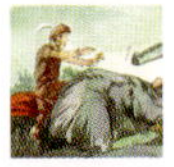

叛乱的少数民族

孟获在当时很受当地百姓的信赖，所以，在他的煽动下，不少人都参与了叛乱。你能找到这个被叛乱者抓起来的汉族官吏吗？

蜀汉军队

诸葛亮

孟获

除了大熊猫，画面中还出现了两只野兔，你能找到它们吗？

传说孟获的妻子祝融夫人武艺高强，甚至能带兵打仗，后来随孟获一起归顺蜀汉。你猜画面中谁可能会是祝融夫人呢？

刘备为什么这么信任诸葛亮？

这要从诸葛亮其人和他与刘备的相识说起。诸葛亮，字孔明，琅邪阳都（今山东沂南）人。诸葛亮的父母早亡，他跟随叔父诸葛玄投奔荆州牧刘表。叔父去世后，诸葛亮隐居在襄阳隆中，一边种地一边读书，过着清贫的生活。他熟知天文地理，精通战术兵法，虽隐居乡野，却心怀远大志向，常常自比为管仲、乐毅。

刘备到了荆州之后，结识了很多当地名士，徐庶就是其中之一。后来徐庶在刘备面前极力推荐诸葛亮，称诸葛亮是治国理政的奇才，建议刘备去拜访他。于是，刘备前往隆中拜访诸葛亮，先后去了三次，前两次都吃了闭门羹，直到第三次，才凭借自己的真诚打动了诸葛亮，并请他出山辅佐自己。这就是著名的"三顾茅庐"。

从此，诸葛亮结束隐居生活，正式登上了历史的舞台。刘备始终视诸葛亮为自己最重要、最信任的谋士，诸葛亮也感激于刘备的知遇之恩，不仅为他出谋划策，还接受了"白帝城托孤"，帮助刘备的儿子刘禅治理国家，为蜀汉政权效劳一生，可谓"鞠躬尽瘁，死而后已"。

明·戴进《三顾茅庐图》，现藏于北京故宫博物院

"三分天下"的策略是诸葛亮最早提出来的吗？

据《三国志·蜀书·诸葛亮传》记载，刘备见到诸葛亮后，推心置腹地袒露心声："我想挽救汉室，伸张大义，但是智谋不足，该怎么办？"

诸葛亮向刘备说明了自己对时局的看法以及自己的设想："曹操占据北方，挟天子以令诸侯，拥有百万大军，我们打不过他；孙权占据江东，经过三代人的治理，百姓顺从，贤才辈出，我们不能和孙权作对，而是要联合他；我们要做的应该是夺取荆州和益州（今四川），并且以此为根据地，对内励精图治，增强实力，对外联合孙权，团结西南各族，等待时机成熟再北伐夺取中原地区，统一全国，兴复汉室。"

对于诸葛亮三分天下的策略，刘备非常赞同，并且加以实践，而这番对话就是大名鼎鼎的"隆中对"。

事实上，"三分天下"的策略最早是由孙权身边的谋士鲁肃提出来的，只不过他所说的"三"指的是孙权、曹操和刘表。后来，刘表老弱，缺少争雄天下的野心，所以诸葛亮版本的"三分天下"就换成了孙权、曹操和刘备。

湖北省襄阳市古隆中景点的草庐碑

"南中"是什么地方？

今天的云南、贵州和四川西南部在三国时期隶属于蜀汉政权，统称为"南中"地区，那里居住着许多少数民族，但是内部势力和各方矛盾错综复杂，极难治理。

223年，东征失败后的刘备病逝于白帝城，当时南中地区的各方势力立刻蠢蠢欲动，益州郡大姓雍闿（kǎi）趁机叛乱，牂（zāng）柯郡太守朱褒、越嶲（xī）郡叟王高定都参与响应，他们还策动益州郡少数民族首领孟获一起叛乱。

因为蜀汉刚刚遭遇夷陵之战的大败，加上刘备刚刚去世，国内局面需要整顿，因此，诸葛亮没有立即采取平叛的军事行动，而是先着手恢复与孙权的联盟，稳住了外部局势，并积极做好兵力补充等战备工作。

经过3年时间的准备，225年，诸葛亮亲自率军，前往南中地区平叛，此时，当地的少数民族首领孟获已经成了叛军头领，与蜀军对抗。

《隆中对》

什么是"七擒七纵"？

《三国志·蜀书·诸葛亮传》注引《汉晋春秋》记载：诸葛亮到南中作战，数战皆胜，而且活捉了孟获，请他观看蜀军的营阵。

诸葛亮问孟获："这支军队怎么样？"

孟获说："之前不了解你们的情况，所以才输了。今天感谢你让我观看你们军队的营阵，你们不过如此，要战胜你们并不难。"

诸葛亮笑了，把孟获放了回去，再次与孟获交战，又捉住孟获，来来回回一共七次，所以被称为"七擒七纵"。

最后，诸葛亮依然要放了孟获，孟获却不走了。孟获说："您有上天的威严，我们再也不造反了！"

从此，孟获心悦诚服地归顺，后来又随诸葛亮参加了"北伐"，还当了蜀汉政权的大官（御史中丞）。

"七擒七纵"的策略是谁想到的？

诸葛亮对孟获七擒七纵，主要是为了团结西南地区的少数民族，稳定国内局势。这一谋略并非源自诸葛亮，而是诸葛亮的爱将马谡（sù）。

《三国志·蜀书·董刘马陈董吕传》注引《襄阳记》记载，诸葛亮要征讨南中时，马谡曾对他说："南中的少数民族凭借地势险要、位置偏远，一直以来都不服从朝廷，即使今天打败了他们，明天他们还是会造反。再加上，现在您要倾全国之力北伐，他们知道朝廷没有足够的力量对付他们，造反之心会更强。如果把他们全杀掉以绝后患，既不够仁慈，也不够现实。用兵之道，攻心为上，攻城为下，希望您能做到让他们心悦诚服。"

果然，七擒孟获之后，南中各部少数民族都来归附。诸葛亮把南中原有的四个郡增至六个（一说七个），又从各族中挑选了不下万名壮丁编入蜀军，号称"飞军"。

诸葛亮还派官员来到南中，向当地少数民族传授先进的农耕技术，促进了当地经济的发展。后来，南中发展成为蜀汉政权比较稳定的后方和财政收入来源地。

在治理蜀汉方面，诸葛亮还做了哪些事情？

内政方面，诸葛亮不拘一格选拔人才，提拔了蒋琬、费祎（yī）、董允等官员；制定法典，加强法治建设。

经济方面，诸葛亮派军队保护和维护著名的水利工程——都江堰，并且设立堰官制度，稳定农业生产；利用巴蜀地区丰富的自然资源，大力发展制盐业和冶铁业；重视巴蜀特产蜀锦，鼓励养蚕和织锦，扩大蜀锦的生产规模，提高其产量，促进蜀锦的出口。

诸葛亮还是一个发明家。他发明了木牛流马，用于运输物资；他改进了连弩，可以一次连续发射10支箭。

平定西南后，诸葛亮还率军打过哪些战役？

226年，魏文帝曹丕死，其子曹叡继位，缺乏统治经验。经过长期的积累，诸葛亮抓住这个时机，决定亲自率军北伐曹魏。

尽管曹魏的人口和军队数量远远多于蜀，但因为兴复汉室是蜀汉的最终目标，诸葛亮始终没有忘记这个理想，而且北伐曹魏对外可以以攻为守，对内可以凝聚人心。

诸葛亮先后五次北伐，历经7年时间，最终因操劳过度，病逝于五丈原（今陕西岐山）前线。唐代杜甫曾在《蜀相》感叹道："出师未捷身先死，长使英雄泪满襟。"

元·赵孟頫（fǔ）《诸葛亮像》，现藏于北京故宫博物院

木牛和流马是诸葛亮发明的运输工具，据说北伐时曾用于为蜀汉大军提供粮食，"特行者数十里，群行三十里"。不过具体形制和原理还不明确

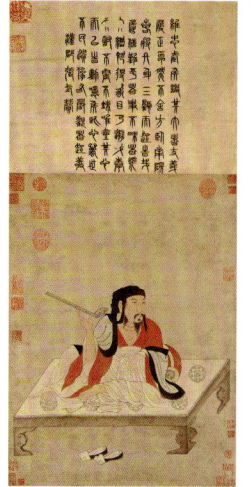

诸葛亮的接班人是谁？

据《三国志》记载，重病之中，刘禅曾派尚书仆射李福探望诸葛亮。李福问道："丞相百年之后，谁来接班？"诸葛亮说："蒋琬可以。"李福又问："蒋琬之后，谁来接班？"诸葛亮说："费祎可以。"李福再问："费祎之后呢？"诸葛亮沉默了。

诸葛亮死后，蜀汉的政权先后由蒋琬、费祎掌管。蒋琬曾考虑过北伐，并且修正了诸葛亮的北伐战略，但计划还没付诸实践，他就病逝了。而费祎就完全没有与曹魏争天下的想法了。费祎曾对姜维说："诸葛亮尚且不能北定中原，更何况远远不如他的我们了。我们还是把精力放在保境安民上面吧。"

蜀汉政权是如何灭亡的？

费祎死后，曾经深受诸葛亮赏识的姜维掌握了权力。但是此后，蜀汉的情况却每况愈下：内政方面，刘禅听信宦官，政治腐败黑暗；对外战争方面，姜维多次北伐，战果寥寥，而蜀汉由于连年征战元气大伤。

另一方面，曹魏则在积极筹划灭蜀。263年，曹魏大举伐蜀，魏将邓艾率军翻山越岭，很快逼近成都。刘禅招来群臣商议对策，光禄大夫谯（qiáo）周劝刘禅投降，刘禅听从了谯周的建议，向邓艾投降，蜀汉灭亡。

刘备与诸葛亮平定中原、兴复汉室的理想最终化为泡影。

嵇康赴刑场

曹魏后期，司马氏集团掌握了实权。当时的政治氛围十分异常，许多人成了权力斗争的牺牲品，"竹林七贤"之一的嵇康就是蒙冤被杀的。

有两个妇人也在讨论这件事，她们是不是也在为嵇康鸣不平呢？

集体请愿的太学生

与刑场上从容抚琴的嵇康相比，有个人的情绪真是太激动了，你能找到这个仰天长啸、悲痛不已的人吗？

嵇康是因为被陷害才被杀的，图中有一处展现了钟会向司马昭进谗言的画面，你知道在哪儿吗？

钟会

嵇康

嵇绍　山涛

得知嵇康要被处死的消息，有不少人专门从其他地方赶来，送他最后一程。

与其他人不同，有一个人竟然躲在一个角落里偷笑呢！他在哪儿？快把这个家伙找出来！

15

←← "竹林七贤"都有哪些人？ →→

"竹林七贤"是魏晋时期的七位名士：阮籍、嵇康、山涛、向秀、刘伶、阮咸、王戎。

这七位名士志趣相投，经常在当时山阳县的竹林之下肆意酣畅地喝酒纵歌，因此人们称他们为"竹林七贤"。

因为对司马氏的态度不同，七个人的结局也不尽相同，最后各散西东：嵇康被杀害；阮籍佯狂避世；王戎、山涛则投靠了司马氏。

为什么叫"魏晋"呢？

265 年，司马昭的儿子司马炎逼迫魏元帝曹奂禅让，代魏称帝，国号曰晋，建都洛阳，这就是历史上的西晋。

曹魏和西晋是和平更替，除了皇帝变了，其他一切照旧，所以历史学家把它们合称魏晋。

嵇康为什么会被杀？

嵇康是三国曹魏时期著名的文学家和音乐家，自幼聪颖好学，博览群书，尤其喜欢研究《老子》《庄子》中的养生之道。

嵇康与曹魏宗室通婚（嵇康是曹操的孙女婿），官拜中散大夫（参与议论政事的闲散官职），所以司马氏掌权之后，嵇康也就不愿意做官了，整日与一群名士寄情山水，弹琴咏诗。

据《晋书》记载，"竹林七贤"之一的山涛是司马昭的表弟，所以后来官至高位。他在离任尚书吏部郎时，曾向朝廷推荐嵇康代替自己。嵇康却写信给山涛（《与山巨源绝交书》），说自己天性爱好自由，不适合做官，并且表示和山涛绝交。

不仅如此，嵇康还得罪了司马昭的心腹钟会，后来钟会就借吕安案向司马昭进谗言陷害嵇康。嵇康拒不合作的态度早就遭到了司马氏集团的仇视，因此，他最终被司马昭下令杀害。

唐·李怀琳《与山巨源绝交书》，现藏于日本

清·吴昌硕《竹林七贤图》

据说曾有 3000 人为嵇康求情？

是的，据史书记载，行刑前，3000 名太学生集体向朝廷请愿，请求赦免嵇康并且让嵇康到太学任教，但这些要求没有得到同意。

临刑时，嵇康的兄弟和一些亲戚到刑场上为他送别，而嵇康神色不变，就像平常一样。嵇康看了看太阳的影子，知道离行刑还有一段时间，于是问兄长："你有没有带来我以前经常弹的琴？"兄长说："我带来了。"嵇康拿过琴，弹奏了一曲《广陵散》。

演奏完之后，嵇康叹息道："袁孝尼（袁准）曾经找我学这首曲子，我舍不得传授给他。今天，《广陵散》就要失传了啊！"

嵇康死时不到 40 岁，当时，全国的名士都感到痛惜，后来，司马昭也很后悔。

太学生是什么人？

太学是中国古代国家最高学府的名称，在太学学习的学生就是太学生。

"太学"一词在西周时就已经有了，但职能并不清晰，祭祀、学习、议政各种活动都在一起。作为教育机构的太学始于汉武帝时期，汉武帝采纳董仲舒的建议，在长安建立太学，主要授课内容为儒家经典。

东汉光武帝定都洛阳，在洛阳城东南的开阳门外兴建太学，作为朝廷的教育和人才选拔机构。

曹魏代汉之后，曹丕也恢复了洛阳的太学制度，兴盛时期，太学生人数达到 3000 多人。

知识拓展：《广陵散》真的失传了吗？

《广陵散》并没有因为嵇康的死而失传，而且在漫长的历史进程中不断地丰富、发展。今天，我们依然能够领略这首古曲的魅力。

《广陵散》是我国著名古曲，在古琴曲中具有非常重要的地位。据《晋书》记载，嵇康曾在洛阳西边出游，晚上住在华阳亭，弹琴消遣。忽然，有一位自称是古人的客人来拜访嵇康，与他讨论音律，又为他弹了一首"声调绝伦"的曲子，这就是《广陵散》。

这位古人没有留下自己的姓名，还让嵇康发誓绝对不把《广陵散》传给其他人。这个故事让《广陵散》充满了神秘色彩。

其实，早在嵇康之前，《广陵散》就已经流行了。这里的"散"指的是乐曲的一种名称，《广陵散》很有可能指的就是广陵一带流行的民间乐曲。

根据著名学者王世襄等人的考证，《广陵散》描写的是战国时期聂政复仇行刺的故事。相传，聂政的父亲为韩王炼剑，由于误了期限而被韩王杀害。为了报仇，聂政漆身吞炭，改变容貌和声音，又入山学琴，先后历经10年，最终学成绝技。

聂政回到韩国，已经没有人能认出他是谁。他在城门下弹琴，引来成群结队的人聆听。韩王听说有人琴艺高超，召他入宫演奏，但是不知道此人就是要为父报仇的聂政。聂政为韩王演奏之时，从琴中拔出刀来，刺死了韩王。韩国人杀死聂政后，因为始终认不出他究竟是谁，于是把尸体陈列在繁华的地方，悬赏千金求刺客姓名。聂政的母亲为了使儿子扬名，前去认尸，当众哭诉冤情，最终死在聂政身边。

嵇康弹的琴是什么样子的？

嵇康弹的琴和今天的古琴样子差不多。在魏晋时期的画作中，比如东晋画家顾恺之绘制的《斫琴图》[斫（zhuó）就是砍的意思]、南朝时的竹林七贤与荣启期砖画等，画中古琴和今天的古琴形制基本一致，演奏方法也相同。

古琴历史悠久，定型于汉末魏晋时期。古琴有七根弦，琴上有一排圆点，称为琴徽，用于标示琴弦的音位（嵇康《琴赋》："徽以钟山之玉。"）。演奏时左手按弦，右手拨弦，指法复杂，变化多端。

竹林七贤与荣启期砖画。荣启期是春秋时期的隐士，后人把他看作是知足常乐的"高士"典范，这也与竹林七贤的处世态度相符。因此，才会有相隔800年的两代人"同框"

什么是魏晋风度？

魏晋时期，有很多像"竹林七贤"这样的人：他们才华出众，却无心政治；他们崇尚玄学与清谈，热衷于讨论高深的哲学问题，却对政治避而不谈；他们喜欢喝酒、弹琴、唱歌、聚会，经常喝酒喝到酩酊大醉，袒胸露背，脱帽弃帻（zé），不拘礼法。

这群人被称为魏晋名士，他们的风范被鲁迅先生称为"魏晋风度"。

为什么魏晋时期的饮酒之风如此盛行？

因为饮酒是士人逃避现实的一种手段。曹魏后期，统治阶级内部矛盾尖锐，曹氏集团和司马氏集团为了争夺权力展开激烈斗争，最终司马氏集团打败了曹氏集团，掌握了曹魏实权。

一些士人不愿混入政治斗争中，就远离官场，寻求自保。他们饮酒、醉酒，逃避残酷的现实和黑暗的政治。据说，为了拉拢名士阮籍，司马昭曾请求和他结为亲家，阮籍为了回避提亲，连续60天喝得烂醉，才躲过这门亲事。

西晋的建立代表着三国时期的终结吗？

不是，事实上，西晋建立时，孙吴政权仍偏居江东一隅。经过十几年的对峙，279年，晋武帝出兵伐吴，晋军势如破竹。到了280年，晋军兵临建业城下，吴国君主孙皓只得投降，孙吴灭亡，三国鼎立的局面才完全结束，西晋实现了统一。

阎立本《历代帝王图》中的晋武帝司马炎

王羲之《兰亭集序》

魏晋南北朝是中国历史上动荡分裂的时期，却是文学艺术的兴盛时代，比如偏安南方的东晋就诞生了谢灵运、陶渊明、顾恺之、王羲之等文学、书画大家，尤其是王羲之的《兰亭集序》，被誉为"天下第一行书"。

流觞亭

王羲之　书童

名士们的酒量真不错，酒都已经空了好几坛了，大家的兴致还是很高。

有一个人突然灵感迸发，立刻拿起笔在纸上奋笔疾书，他会写出什么样的传世佳作呢？

画面里饮酒作诗的人有很多，但是弹琴的却只有两个，你能找到这两个人吗？提示：他们弹的是两种类型的古琴。

有三个孩童正在快乐地捉迷藏，你知道他们正在哪里做游戏吗？

数一数，画面中一共出现了多少个人？然后去第 21 页找一找，史书记载中，兰亭集会究竟有多少人参加？

西晋与东晋是如何交替的？

统一天下之后，以司马氏为代表的西晋统治阶级迅速腐化堕落，皇帝荒淫，官场糜烂，后来还爆发了长达16年的皇族夺权战争，被称为"八王之乱"。北方少数民族趁机大举入侵，纷纷建立了自己的政权。为了躲避战乱，原本生活在北方的中原人大量迁徙到南方，其中有平头百姓，也有世家大族和皇室宗亲。

311年，匈奴人攻破晋都洛阳，随后又接连俘虏了两位皇帝——晋怀帝和晋愍（mǐn）帝。316年，晋宣布灭亡，因该事件主要发生于晋怀帝永嘉年间，而被称为"永嘉之乱"。

第二年，在世家大族王导等人的支持下，南迁的宗室司马睿登基称帝，历史学家为了区分前后的政权，将之前的北方王朝称为"西晋"，将南方政权称为"东晋"。东晋是门阀政治，偏安南方，与北方的五胡十六国并存，这一历史时期又称"东晋十六国"。

五胡十六国究竟包括多少个政权？

五胡十六国时期，指的是从304年"永嘉之乱"的主角匈奴人自立政权，到439年鲜卑政权北魏再度统一华北，这135年间相继兴亡了多个少数民族政权，被统称为"五胡十六国"。

"五胡"指的是匈奴、羯（jié）、鲜卑、氐（dī）、羌等5个民族。

"十六国"包括匈奴政权3个（前赵、北凉、夏）；羯族政权1个（后赵）；鲜卑族政权5个（前燕、后燕、西秦、南凉、南燕）；氐族政权3个（前秦、成汉、后凉）；羌族政权1个（后秦）；另外还有3个汉人政权（前凉、西凉、北燕）。

从名称上就可以看出，"五胡十六国"是一个非常混乱的时期。

为什么说东晋是"门阀政治"？

东晋政治的一个显著特点，就是形成了"王与马，共天下"的政治格局。"王"，字面上指琅邪王氏，实际上泛指世家大族；"马"，字面上指皇族司马氏，泛指东晋皇权。

在皇室宗亲之中，司马睿缺少威望和势力，想要在南方立足，就必须借助世家大族的支持；世家大族也需要司马睿政权的保障。皇权与世家大族相互依存、相互支撑，所以被称为"王与马，共天下"。

这种政治模式被历史学家称为"门阀政治"。门阀指的就是世家大族，他们世代为官，享受政治、经济等方面的特权，形成一个特殊的社会阶层，又称为"士族"。

东晋·顾恺之《洛神赋图》局部（宋摹），现藏于北京故宫博物院

王羲之是如何成长为一代书法大家的？

王羲之，字逸少，是东晋时期杰出的书法家。他出身世家大族琅邪王氏，曾官拜右军将军，因此被人称为"王右军"。

王羲之自幼研习书法，而且勤学苦练，用心钻研。据说走路和休息的时候，他的心中都在揣摩如何写字，边想边在身体上比画，衣服都磨破了。他每天练完字，都会到门前的池塘里去洗笔砚，久而久之，池塘里的水都变成黑色的了。

经过长期的努力，王羲之终于成为中国历史上最具影响力的书法家。他的书法不仅吸收了汉魏以来许多书法家的精华，而且有所创新，开辟了新的境界，被时人评价为"飘若浮云，矫若惊龙"。

王羲之故居位于山东省临沂市，是全国重点文物保护单位。故居内的洗砚池据说就是王羲之练字时洗砚台的地方

《兰亭集序》和《兰亭集》都是什么？

353年（东晋永和九年）春，王羲之和自己的亲人、朋友在会稽山阴（今浙江绍兴）的兰亭集会，在那里修禊事、做曲水流觞的游戏、吟诗作赋。有人提议将众人所作的37首诗汇编成集，这就是《兰亭集》。在众人的推举下，王羲之乘（酒）兴而书，亲自为诗集作序，写下了举世闻名的《兰亭集序》。

王羲之所生活的东晋是中国书法历史上的黄金期，尤其是以王羲之为代表的行书，更是被文化学者余秋雨先生誉为"创造了美学奇迹","中国此后的历史中，有无数的文人临摹东晋的行书，并不是为了它们的内容，只是为了它们的美学形态"。

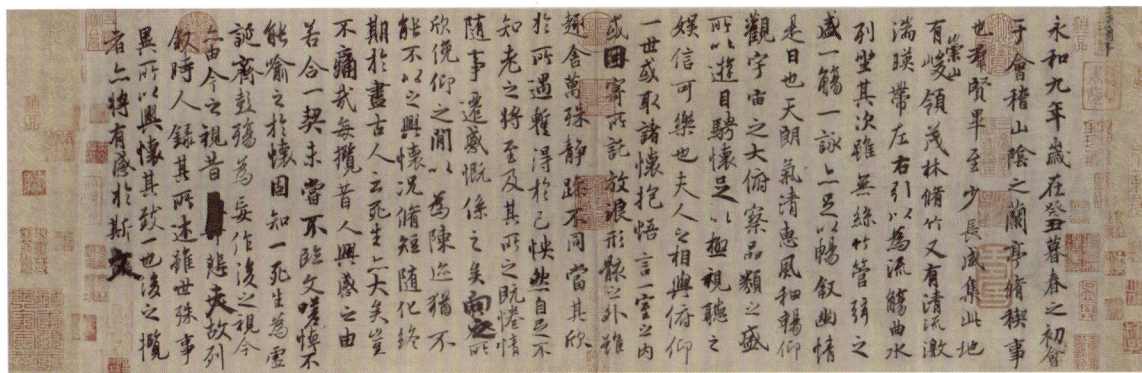
唐·冯承素《兰亭集序》摹本，现藏于北京故宫博物院

什么是曲水流觞？

觞是酒杯的意思。曲水流觞，是中国古代的一种习俗。农历三月，人们会在水边举行仪式，祛邪除灾，称为"祓禊（fú xì）"。完成仪式之后，大家列坐在水边，在上游放置酒杯，酒杯顺流而下，停在谁的面前，谁就举杯饮酒，这就是曲水流觞。

据《世说新语》刘俊注，当时参加集会的有 41 人（一说 42 人，如宋桑世昌《兰亭考》），其中 26 人赋诗，15 人因不能赋诗各罚酒三斗。

根据后人的记载，东晋名士谢安也参加了兰亭集会。

谢安是谁？

除王家以外，谢家也是当时的世家大族。唐代诗人刘禹锡曾写过这样的诗句："旧时王谢堂前燕，飞入寻常百姓家。"其中王、谢都是世家大族。

谢安在未出仕之前，隐居在会稽，曾经和王羲之结交过。直到 40 多岁时，谢安才有做官的想法，并得到权臣桓温的提拔。

桓温曾率军北伐，一度收复了洛阳，所以在朝中权力很大，有取代司马氏的意图。谢安等人尽心辅佐皇帝，挫败了桓温的野心，维持了政局的平衡与稳定，这也让他成为与王导齐名的一代名相。

除了挫败权臣桓温之外，谢安还有一大功绩，

南京夫子庙秦淮河南岸乌衣巷内的王导谢安纪念馆

就是在淝水之战中打败了前秦的入侵，挽救东晋政权于危难之中。

"前秦"和秦朝有关系吗？东晋是如何打败前秦的？

没有关系，只是国号相同。前秦是由氐族人苻健在 352 年建立的，到 4 世纪下半叶，前秦政权统一了北方。

383 年，前秦皇帝苻坚率大军进攻东晋，东晋危在旦夕。谢氏家族的谢安、谢玄等人担当起了抵抗前秦的大任。谢玄在前线指挥军队，谢安在建康运筹帷幄。

大战前夕，两军隔淝水（今安徽寿县的东南方）对峙。晋军请求秦军稍稍后退，等晋军渡河之后再一决胜负。苻坚企图趁晋军渡河之时消灭他们，就答应了。没想到，前秦军队虽然人数众多，但是由不同民族的士兵拼凑而成，本就不愿作战，听见后撤的命令，顿时军心大乱，再加上前秦军中的东晋降将朱序趁机大喊："秦军败了！秦军败了！"一时间士兵纷纷溃逃。晋军顺势渡河追杀，大败秦军，苻坚狼狈逃走。

淝水之战作战示意图

淝水之战为南北朝对立的局面奠定了基础。

门阀政治是如何终结的？

淝水之战后不久，谢安病逝。此后，世家大族缺少能够处理政事、掌控局面的人才，门阀政治衰落下去，皇权政治得到了恢复的空间。然而，当时的皇帝晋孝武帝是昏君，接替谢安执政的司马道子是乱臣，政治越来越腐败，皇权政治并没有真正树立起来。历史酝酿着一场变革。

孝武帝死后，司马德宗继位，司马道子和他的儿子司马元显把持朝政。桓温的儿子桓玄起兵反叛，攻入都城建康，自己做了皇帝，但被出身寒门的北府兵将领刘裕打败。

420 年，刘裕接受了东晋末代皇帝恭帝的"禅让"，建立了"宋"，定都建康，史称"刘宋"，彻底终结了东晋的门阀政治。刘宋政权是南朝的第一个朝代，揭开了南北朝时期的序幕。

> **知识拓展："谢安折屐"是什么意思？**
>
> 据《晋书》记载，淝水之战的捷报传到建康时，谢安正在和客人下棋。他接到捷报后，只是粗略一看，就放在座位旁边，不动声色地继续下棋。客人忍不住问他，他才缓缓地说："孩子们已经打败敌人了。"
>
> 客人离开后，谢安再也按捺不住兴奋的心情，跨过门槛的时候，把脚上的木屐齿碰断了都没察觉到，这就是著名典故"谢安折屐"的来历，后用来形容遇到高兴的事情喜不自胜的情态。

刘裕却月阵

自偏安南方以来，东晋常常受到来自北方政权的威胁。为了稳固政权，当时已经掌握东晋实权的刘裕率军北伐，灭南燕，破北魏，亡后秦，收复山东、河南、关中等地。在北伐的过程中，他还创制了一种特殊的阵法——却月阵。

有一个北魏骑兵在快要冲击成功的时候，不幸被大弩击中，倒在了东晋阵前，你能找到这个英勇的骑兵吗？

东晋步兵

朱超石

晋

这种大弩虽然杀伤力很强，但是当敌军越来越近，它的作用似乎越来越小了，东晋的军队会如何应对呢？想一想，然后去第24页寻找答案吧！

仔细观察一下东晋阵营的形状，你是不是已经猜到『却月阵』是如何得名的了？快翻到第24页印证一下吧！

北魏骑兵

刘裕

黄河上的战船

←← 刘裕是如何掌握东晋实权的？ →→

刘裕，字德舆，小名寄奴，彭城（今江苏徐州）人，东晋至南北朝时期杰出的政治家、改革家和军事家。

刘裕从小家境贫寒，曾经由于跟人赌博输了钱，被人绑在马桩上索债，受尽屈辱。不过，出身寒门的他却胸怀大志，后来还参加了北府兵（谢安招募北方流民成立的一支军队）。

东晋后期爆发了孙恩、卢循起义，在平定起义的过程中，刘裕展现出了自己的军事才能，为他接任北府军的下一任领袖打下了坚实的基础。后来，北府军的领袖刘牢之被权臣桓玄迫害致死，刘裕乘机将群情激昂的北府军集结起来，向桓玄发动了突然袭击。

404 年，刘裕一举击败了桓玄的大军，凯旋后，他迎回了被桓玄废掉的晋安帝，从而掌握了东晋的军政大权。

刘裕像

"却月阵"出现在哪场战役中？

"却月阵"因为士兵列队队形为半月形（即"却月"）而得名。

在第一次北伐灭南燕后，416 年（义熙十二年），刘裕第二次北伐，率晋军讨伐后秦。

当时的北魏皇帝拓跋嗣是后秦皇帝姚兴的女婿，为了防止晋军于黄河北岸向北魏进击，北魏派出几千骑兵沿河跟着晋军行进。晋军的水军战船有时漂到北岸，就会受到北魏军队的袭击。可是，晋军一旦上岸攻击，北魏军就快速撤退，等晋军回到船上，北魏军又来到岸边。晋军频繁受到北魏军骚扰，疲惫不堪。

刘裕见状，布下却月阵。他派人率领武士 700 人、战车 100 辆，登上黄河北岸，在距河 100 步的地方布阵。这支军队两翼靠着黄河，中间外凸，呈半月形。每辆战车上安排 7 个士兵。

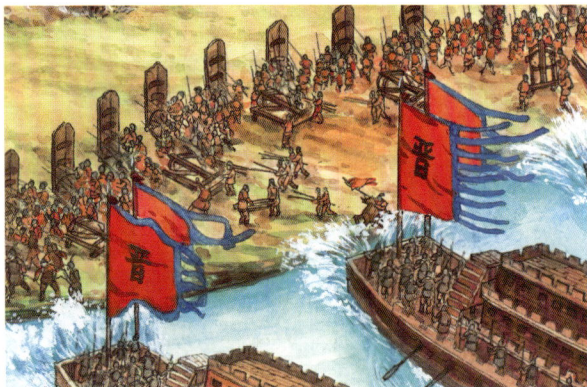

布置好阵形以后，他还命人在阵中竖立起一面白色羽毛旗。

北魏军队看不懂晋军想要干什么，因此按兵不动，静观其变。刘裕命令将领朱超石带着 2000 个士兵做准备。阵中的白色羽毛旗举起来后，朱超石就率领士兵飞奔过去，带着 100 张大弩，每辆战车上增加 20 人，并在车上设置了挡箭牌。

北魏军队见晋军已经列好阵形，就进逼包围。北魏将领长孙嵩还率领了 30000 骑兵前来相助，从各个方向冲向晋军，发起肉搏战。虽然大弩给敌人带来了不小的伤亡，但是随着双方距离的缩短，晋军的大弩逐渐失去作用。

朱超石又命人取出 1000 台发射长矛的装置，让士兵把矛折成三四尺长，用大铁锤击打发射，一根矛射出去能洞穿三四个人。北魏军终于招架不住，四散奔逃，朱超石乘胜追击，大败北魏军。

刘裕为什么迟迟不称帝？

刘裕虽然早就掌握了军政大权，却迟迟不肯称帝。原来，这是因为当时流传着一句谶语"昌明之后，尚有二帝"，意思就是晋孝武帝之后还有两个皇帝，晋朝才会结束。刘裕很迷信，为了凑够两个皇帝，他先杀了晋安帝司马德宗，改立司马德宗的弟弟司马德文为帝，然后又逼迫司马德文禅位给自己。

420 年（永初元年），刘裕代晋自立，定都建康，国号"宋"，为了与后来赵匡胤建立的赵宋相区别，史学界又称之为"刘宋"。刘裕就是宋武帝。

刘宋是魏晋南北朝中第一个由寒门庶族建立的朝代，出现了"寒人掌机要"的政治局面，同时还涌现了一批在各领域影响深远的大家，如谢灵运、刘义庆、祖冲之、鲍照、颜延之等。

祖冲之（429—500 年），字文远，范阳郡道县（今河北涞水）人，南北朝时期杰出的数学家、天文学家。他首次将圆周率精算到小数第七位，即在 3.1415926 和 3.1415927 之间，直到 15 世纪，这一纪录才被阿拉伯数学家阿尔·卡西打破

谢灵运（385—433年），原名公义，字灵运，以字行于世，幼时寄养于外，族人称之为客儿，世称谢客，陈郡阳夏县（今河南太康）人，南北朝时期诗人、佛学家、旅行家。他是第一位全力创作山水诗的诗人，被尊为我国山水诗鼻祖。图为位于浙江省温州市的谢灵运纪念馆

南朝和北朝是什么关系？

东晋灭亡之后，南方先后经历了四个朝代——宋、齐、梁、陈，这四个朝代合称为"南朝"（420—589年），与之相对应的是北方的五个朝代——北魏、东魏、西魏、北齐和北周（386—581年），它们更迭的顺序是北魏分裂为东魏、西魏，北齐取代东魏，北周取代西魏，最后北周灭北齐。

在中国历史上，这一南北对峙的分裂时期统称为南北朝时期。

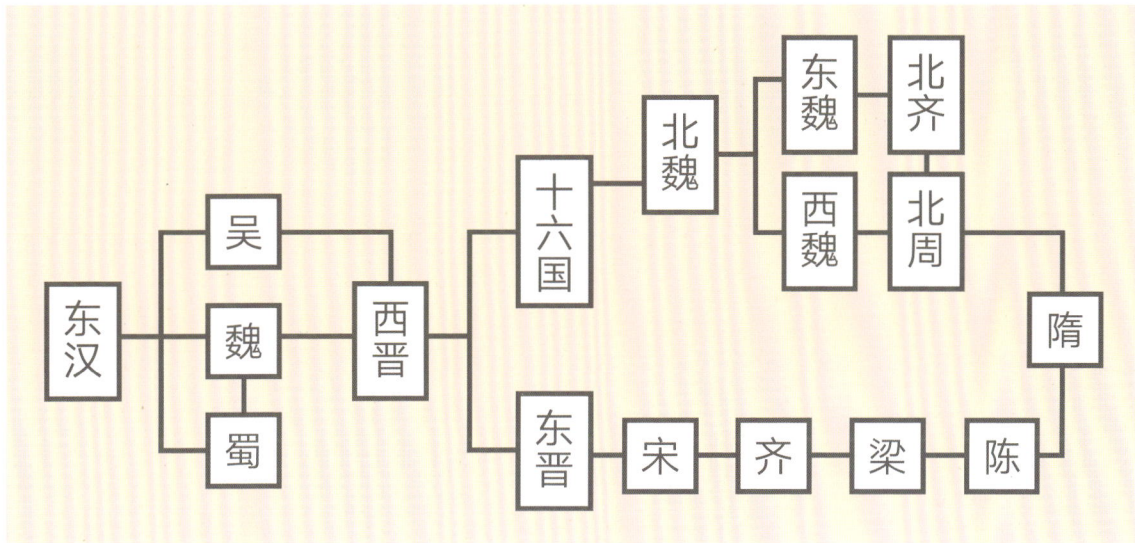

魏晋南北朝时期的朝代更迭示意图

刘宋政权后来的命运如何？

刘裕当了皇帝以后，在位两年就去世了，之后又经过两年的混乱，424年，刘义隆即位，改元元嘉，史称宋文帝。

宋文帝鼓励农桑，减免租税，经济有所发展，社会相对安定。这一时期被称为"元嘉之治"，被《宋书》评价为"宋世之极盛"。

鉴于国内安定，再加上想继承父亲的遗志，宋文帝有了北伐的想法。群臣为了迎合宋文帝，也纷纷建议宋文帝北伐，使宋文帝"有封狼居胥意"。封狼居胥，指的是西汉时霍去病击败匈奴，在漠北的狼居山祭天庆祝胜利。

在430年第一次北伐失败后，450年，宋文帝再次发动对北魏的战争。然而，宋文帝低估了北魏军队的战斗力，急躁冒进，指挥失当，不仅没有收复"失地"，甚至自己的首都建康都受到了极大威胁。淮南地区惨遭战火与掠夺，残破不堪，刘宋政权元气大伤，元嘉之治就此终结。宋代词人辛弃疾所写的"元嘉草草，封狼居胥，赢得仓皇北顾"（《永遇乐·京口北固亭怀古》），指的就是这件事。

在令人沮丧的局面下，453年，宋文帝被太子刘劭杀害。紧接着刘劭又被他的弟弟刘骏击败，刘劭及其四个儿子被斩首示众。从此，刘宋王朝开启了长达20多年皇族相互残杀的历史，让宋朝的皇子们发出了"愿身不复生王家"的悲叹。

479年，掌握禁卫军大权的萧道成发动政变，建立南齐，终结了持续59年的刘宋政权。

为什么宋齐两朝的皇帝屡屡被杀？

宋文帝死后，刘宋政权又存在了26年，历经5个皇帝；萧道成建立的南齐政权存在了23年，历经7个皇帝，这是南朝中最不稳定的两个朝代，也是南朝政治异常混乱的一个时期。

出现这种现象的原因是由于存在先例，因此皇帝在位时，往往担心宗室子弟夺取自己的皇位，把他们视为潜在的威胁，甚至对他们大开杀戒，斩草除根。这一时期，喜欢杀人的暴君频频出现，宗室子弟经常惨遭屠戮，而且政变也很频繁，多名皇帝被废被杀，朝局很不稳定。

《世说新语》的作者刘义庆与宋文帝刘义隆有什么关系？

刘义庆是宋文帝刘义隆的堂哥，也是宋武帝刘裕的侄子。据《宋书》记载，刘义庆"为性简素，寡嗜欲，爱好文义"。他召集了一群文学之士，还邀请、推荐文章写得好的人做官。

刘义庆曾经召集文士，编辑了一部著名的笔记小说集——《世说新语》。这本书记载了自汉末至东晋年间士大夫的言论逸事，反映了士大夫的放诞生活和清谈风气，鲁迅先生称它为"一部名士底（的）教科书"。这本书语言精练、隽永，读起来耐人寻味。

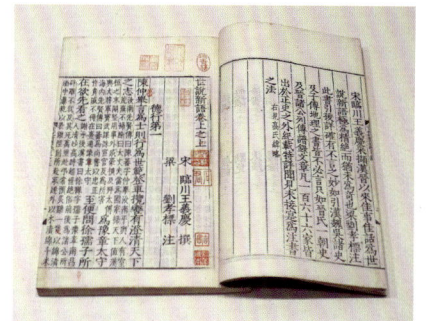

《世说新语》书影

此外，《世说新语》还记录了当时社会、政治、文化等方面的情况，具有一定的史料价值，对我们了解魏晋时期的历史很有帮助。

梁武帝四入空门

　　魏晋南北朝时期的佛教空前兴盛，全国上下笃信佛教者甚众，其中，南梁开国皇帝梁武帝信仰虔诚，不惜四入空门，被称为"皇帝菩萨"。

有三个僧人正在窃窃私语，他们一定是在猜测这会不会是梁武帝最后一次遁入空门。

同泰寺

梁武帝

接驾的大臣

两位大臣正在竭力劝说梁武帝回朝理政，可是身穿僧衣的梁武帝却好像并不为所动。你能在画面中找出这一幕吗？

菩提达摩

祭孔表演

←← 梁朝是如何建立的？ →→

梁武帝名叫萧衍，字叔达，小字练儿。萧衍的父亲萧顺之是萧道成的族弟，曾经在萧道成取代刘宋、建立南齐的过程中立过大功。

作为皇族子弟的萧衍不仅博学多通，而且很有才干，曾经亲自率军挫败北魏军队的进攻，树立了很高的威望，这也为他后来取代南齐奠定了基础。

南齐末年，皇帝萧宝卷是个荒淫残暴的君主，萧衍见南齐统治不会长久，打算取而代之，于是在襄阳为政变大做准备。他秘密制造器械，派人砍伐大量竹子和树木，又把竹木沉到檀溪之中。

后来，萧宝卷杀了萧衍的哥哥萧懿，又派军队准备进攻萧衍。萧衍起兵反抗，把沉在檀溪中的竹木捞出来，打造成战船。萧衍率大军很快攻入建康，萧宝卷被部下杀死，萧衍立萧宝卷的弟弟萧宝融为新皇帝。

502年，萧衍接受萧宝融的禅让即皇帝位，改国号为"梁"，史称南梁。

清代姚文瀚《历代帝王像》中的梁武帝

南梁佛像，四川成都西安路出土，现藏于成都博物馆

"南朝四百八十寺"是真实存在的吗？

杜牧的诗"南朝四百八十寺，多少楼台烟雨中"是对南朝佛教盛况的反映。不过，"四百八十"这个数字只是约数，据资料反映，仅京城建康一地，佛寺就有500多所，其中最大的就是梁武帝在皇宫旁边为自己建的同泰寺。

据《南朝寺考》记载，同泰寺楼阁台殿林立，九级浮屠耸入云表，殿外积石为山，小桥流水，并铸有金像10座，银像10座，极为壮观。

为什么梁武帝被称为"皇帝菩萨"？

根据史籍记载，梁武帝的大臣称他为"皇帝菩萨"。这是因为梁武帝笃信佛教，对佛教的信仰虔诚至深，这在中国历史上是出了名的。

梁武帝潜心研究佛经，他创立了三教同源说，认为佛、儒、道三教之中，佛教最高，孔子和老子是佛祖的学生。他曾著《断酒肉文》，下诏所有佛教徒断绝酒肉，使素食成为汉传佛教的特色。

相传，梁武帝曾与中国佛教禅宗的创始人、来自印度的菩提达摩会面。达摩从印度漂洋过海来到中国，梁武帝派人邀请他前往建康。双方见面后，梁武帝问达摩："朕自即位以来，建造佛寺，译写经书，剃度的僧人不可胜计，请问这有什么功德？"达摩却回答："并没有什么功德。"达摩认为，真正的功德是不能以尘世中的观念求得的，但是梁武帝不能领悟这个道理。

事实上，由于信仰佛教修建佛寺，梁武帝还多次舍身同泰寺，耗费了大量金钱和民力，给百姓造成了沉重负担，对百姓来说确实谈不上有什么功德。

同泰寺（局部）模型

什么是"舍身"？

"舍身"在佛教中指的是舍弃自己的肉身，以苦行供养佛祖的行动。梁武帝曾先后四次跑到寺里当和尚，为佛寺服杂役，为僧众讲解佛经，有一次在寺里待了整整37天。

朝廷不能没有皇帝，群臣只好请梁武帝回来，据史籍记载，其中有两次，群臣花了一亿万（原文如此）钱才把皇帝赎回。

实际上，梁武帝的这种做法一方面是表达自己对佛教的虔诚信仰，另一方面也是为寺庙敛财。

除了宣扬佛教，梁武帝在文化方面还做出了哪些贡献？

梁武帝本人非常博学，年轻时经常和文学之士外出游学，吟诗赋文。据《梁书》和《隋书》记载，梁武帝在经学、史学、文学、佛学、军事学等方面都有著作。

梁武帝还很喜欢书法，他曾经从王羲之留下来的书法作品中挑选出1000个不重复的字，召来大臣周兴嗣，让他把这1000个字连缀成韵文。周兴嗣用了一个晚上的时间完成了任务，而他的头发也一夜之间变白了。这篇韵文就是著名的《千字文》。

《千字文》是中国古代对儿童进行启蒙教育的读物，经久不衰。

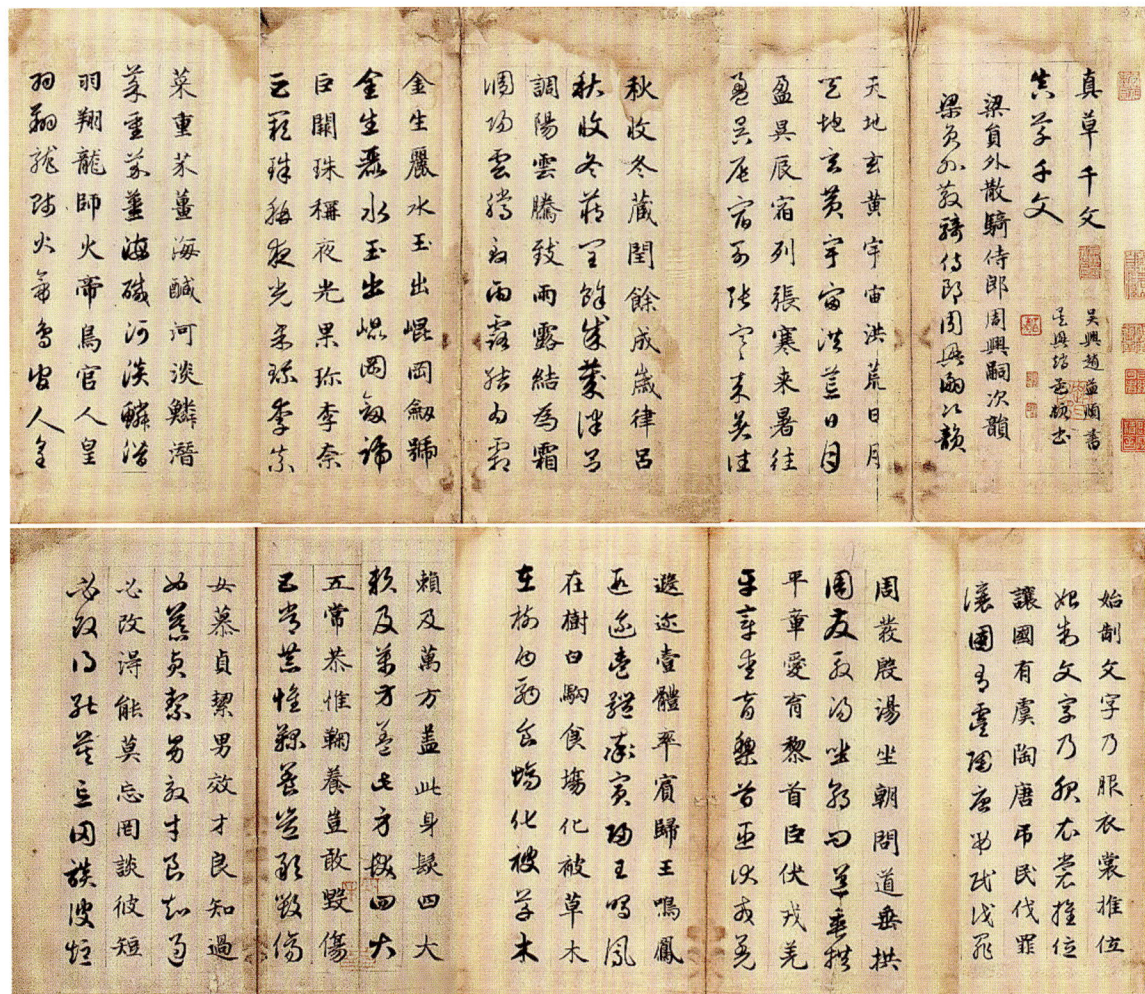

元·赵孟頫《真草千字文》，现藏于北京故宫博物院

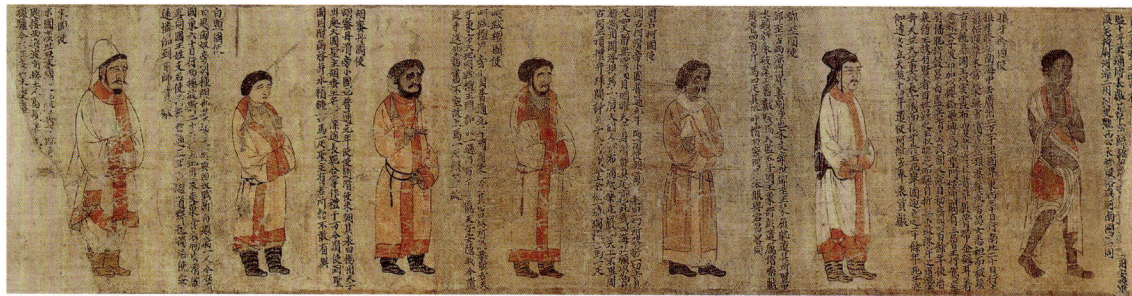

《职贡图》（局部），原作已失，现存宋人摹本藏于中国国家博物馆。原作朝贡人物不少于25国，甚至超出31国，现仅存12国画像，自右至左为：滑国、波斯、百济、龟兹、倭国、狼牙修、邓至、周古柯、呵跋檀、胡蜜丹、白题及末国使者，每一位使者身后有一段叙述其国名、方位、山川、风土以及历来朝贡情况的文字

梁武帝是一位怎样的皇帝？

梁武帝不仅在佛学方面造诣深厚，在治国理政方面也是一位明君。梁武帝治国近50年，在此期间，梁朝政治稳定，经济发达，军力增强，文化繁盛。可以说，梁武帝时期一改宋、齐时期的混乱，让南梁成为南朝最发达的国家。

1000多年后的大学问家王夫之高度评价梁武帝，认为南北朝是阴雨连绵的"无道之世"，而梁武帝统治下的梁朝则犹如乍晴的朗朗天空。

就首都建康来说，当时有28万户，以每户五口计算，人数也突破百万。这在当时世界上，也是罕见的大都会。

很多国家羡慕梁朝的繁华兴盛，纷纷前来朝贡，朝贡的国家多达29个，这一盛况被记载在《职贡图》中，这幅画的作者就是梁武帝的儿子萧绎。

南朝的繁华是什么时候终结的？

梁朝的繁华背后其实隐藏着各种危机，尤其是以皇族为代表的世家大族日趋腐朽堕落，他们"傅粉施朱""迂诞浮华"，过着醉生梦死的生活。为了供养王、谢、袁、萧为首的士族门阀和日益庞大的官僚机构，梁朝老百姓不得不承受沉重的赋役，大量农民或破产流亡，或沦为奴婢。

这些潜藏的危机在一次动乱中暴露无遗，这就是著名的"侯景之乱"，梁武帝本人也在这次动乱之后去世。

侯景之乱是怎么回事？

这还要从北方的局势说起，当时北魏分裂为高欢控制的东魏和宇文泰控制的西魏，侯景一直是高欢的得力助手，但是他与高欢的儿子高澄不睦，所以，在高欢去世后没多久，侯景就公开反叛东魏，他先是以河南六州叛降西魏，但是没有得到明确的支持，于是又带着原本属于东魏的河南十三州向梁武帝投降。

梁武帝见侯景来投降，认为自己统一中原的机会来了，于是接受了侯景的投降，还任命他为大将军。东魏发兵讨伐侯景，梁武帝就派自己的侄子萧渊明率军支援，牵制东魏。然而，梁军士气低落，纪律松弛，被东魏军击败，萧渊明也被俘虏了。东魏军取胜后进攻侯景，侯景大败，带残部逃到寿阳。

东魏采取外交攻势，离间梁武帝和侯景，向梁武帝示好。侯景见势不妙，给梁武帝送去一封信，在信中以东魏人的口吻与梁武帝谈判，请求以萧渊明换侯景。梁武帝中计，回信表示同意。侯景非常愤怒，强征了一支军队，起兵反叛。侯景以梁武帝侄子萧正德为内应，很快攻入建康。侯景把梁武帝软禁起来，不给他饭吃，梁武帝忧愤成疾。最终，在疾病与饥饿的折磨下，梁武帝去世，享年85岁。

侯景之乱后，江南地区的社会经济遭到毁灭性的破坏，加剧了南弱北强的形势，历史的天平开始向北朝倾斜。

北魏孝文帝迁都

　　386 年，鲜卑族拓跋部建立北魏，逐步统一了北方，终结了"五胡十六国"的分裂状态。与南方动荡的政权更迭相比，北魏享国 148 年，这与孝文帝时期的改革和迁都政策不无关系。

帐篷中竟然藏着一个刺客！他想谋害谁呢？快把他找出来！

一个人的羊皮水囊丢了，你能帮他找到吗？否则，他这一路上都没水可喝了。

猜一猜，馋嘴的小狗看到了什么？

这个人的发型为什么这么奇怪？这叫"髡（kūn）发"，是北方游牧民族的常用发式，一般是将头顶部分的头发全部或部分剃除，只在两鬓或前额部分留少量余发做装饰。

孝文帝

规划都城建设

虽然迁都的命令已经不可更改，但还是有一些顽固派想要进行阻挠，你能找到这两个正在窃窃私语的人吗？

大人们都在休息，只有一个小女孩依然精力充沛，还在小山上玩耍呢！不过，出发的号角已经吹响，他们又要继续赶路了。

据《魏书》记载：拓跋部的先祖住在北方，以石洞为祖庙。后来拓跋部南迁，远离了祖庙。北魏太武帝拓跋焘（tāo）在位时，乌洛侯国派遣使者来到北魏，说这个石洞就在他们那里。于是，太武帝派遣中书侍郎李敞到石洞去祭祀，并且把祝文刻在了墙壁上。

1980年，考古工作者米文平先生在大兴安岭的嘎仙洞内找到了这篇祝文，证实了当年那次祭祀的真实性。因此，历史学家（一般）认为，拓跋部的原始居住地在大兴安岭北部一带。后来，拓跋部南迁到匈奴故地，过着逐水草而居的游牧生活。

嘎仙洞

4世纪末，前秦在淝水之战后土崩瓦解，拓跋部逐渐强大起来。386年，拓跋珪建立政权，后来定国号为魏，为了区别于曹丕建立的曹魏，史称北魏。398年，拓跋珪迁都平城（今山西大同），后称帝，即道武帝。439年，在太武帝的领导下，北魏统一了北方。

拓跋鲜卑旧墟石室石刻，内蒙古鄂伦春自治旗嘎仙洞出土

改革是由孝文帝最先推行的吗？

不是，在孝文帝拓跋宏之前，文成帝拓跋濬、献文帝拓跋弘都逐步实施了改革，使游牧经济转变为农业经济。

孝文帝拓跋宏是北魏的第七位皇帝，即位时只有4岁，所以他的祖母冯太后掌控朝政多年，改革前期主要由冯太后主持。

冯太后是鲜卑化的汉人，是五胡十六国时期北燕的皇室后裔，文化素养较高。在冯太后的长期严格教育和直接影响下，孝文帝不但精通儒家经义、史传百家，"才藻富赡"（《北史·魏本纪第三·高祖本纪》），而且积累了丰富的治国经验，增长了实际才干，这些都为后来的改革大业奠定了坚实的基础。

拓跋宏雕像

冯太后为什么要推行改革？

北魏是少数民族入主中原的政权，初入中原时采用"胡汉分治"，这一举措一定程度上解决了民族矛盾，让这个新兴王朝站稳了脚跟。

但作为征服者，鲜卑族统治者采取民族压迫政策，杀害汉族大臣，导致民族矛盾十分尖锐，拓跋部也将烧杀抢掠之风带入中原，以致社会动荡不安，农民起义此起彼伏。

面临严峻的形势，冯太后决定实行改革。这场改革发生在太和年间，史称"太和改制"。首先，冯太后恢复了中原实行的百官俸禄制，让汉族官吏的待遇得到提高，与拓跋贵族的生活差距逐渐缩小。其次，她改革了土地制度，实行均田制，将荒芜的土地授给农民，不仅恢复了经济，国家的财政收入也得以稳固。再次，她还推崇儒家文化，重建明堂，作为宣明教化的重要场所。

经过太和改制，北魏的经济政治已经极为汉化，也呈现出升平富庶的景象，被称为"太和盛世"。冯太后去世以后，孝文帝延续冯太后的改革措施，并且迁都洛阳，移风易俗，进一步促进鲜卑族的"汉化"。

为什么要迁都洛阳？

北魏之前的都城平城地处北方，气候、风俗与鲜卑故土相近，但随着北魏疆域的不断扩大，这里已经不太适合作为首都：

第一，平城保守势力强大，他们因循守旧，抵制汉文化，为了摆脱保守势力的束缚，继续实行汉化改革，迁都是必要的。

第二，平城经济相对落后，粮食供给经常发生困难，而中原农业经济比较发达。

第三，平城位置偏北，不利于经略南方。

所以，孝文帝决定迁都中原的中心城市洛阳。

图为北魏晚期重臣杨机墓葬出土的双人牵手女俑和女舞俑。这些陶俑身着汉式宽袖大衣，足见汉族文化对当时鲜卑北魏的影响力

为了顺利迁都，孝文帝采用了什么对策？

鲜卑人世世代代居住在北方，而中原地区的气候、风俗与北方迥异，因此很多鲜卑人不愿意迁徙。孝文帝的迁都计划遭到了朝廷内很多元老和贵族的反对。

但是孝文帝心意已决，为了顺利迁都，他假称南征，率领 30 万大军离开平城向南进发，还命令文武朝臣也随军南下。一路上阴雨绵绵，道路泥泞，行军艰难。大军行进到洛阳时，已疲惫不堪。孝文帝坚持继续向南进军，群臣叫苦连天，请求停止进军。孝文帝见时机已到，便说若不进军，必须迁都洛阳。群臣不愿打仗，只好同意迁都。

但是，朝廷中的反对势力并未消失。太子元恂（xún）长得很胖，不喜欢洛阳的炎热天气，因此，他趁着孝文帝出游之时，打算跑回平城。孝文帝大怒，把太子废为庶人，一些反对改革的元老相互勾结，发动叛乱，孝文帝当机立断，派兵将反对派镇压下去。

迁都洛阳以后，孝文帝都采取了哪些汉化措施？

孝文帝迁都洛阳之后，改革鲜卑旧俗，全面实行汉化，进一步学习汉族的典章制度和生活方式。孝文帝规定汉语为官方语言，禁止 30 岁以下的年轻官员在朝堂上讲鲜卑语；将鲜卑人原有的姓氏改为汉姓，如皇族拓跋氏改为元氏；另外，他还要求鲜卑贵族一律穿汉服，并提倡鲜卑贵族与汉族人通婚。

迁都的第二年，孝文帝就率领群臣离开洛阳，去当时的鲁城（今山东曲阜）祭祀孔子，表明他要融入汉族文化的决心。

表面上看，孝文帝改革让拓跋部失去了自己的语言，改变了民族传统习惯，但作为民族首领，他完成了祖先遗愿，将整个鲜卑拓跋彻底融入华夏文明之中，促进了中国历史上又一次民族大融合。

知识拓展：北魏时期的洛阳是什么样？

孝文帝迁都之后，洛阳再度成为北方的政治、经济、文化中心，其繁华的景象被记载在《洛阳伽（qié）蓝记》中。

"伽蓝"是佛教术语，指的是佛寺。当时洛阳最著名的寺庙是宣武帝（孝文帝的继任者）所修的景明寺。

景明寺规模宏大，风景秀丽，装饰华美。农历四月初八是佛祖释迦牟尼出生的日子，称为"佛诞日"。人们在这一天会把佛像安置在车上，在洛阳城里来来回回地走，供民众瞻仰礼拜，这种仪式被称为"行像"。行像前一天，会有 1000 多尊佛像聚集到景明寺中，为第二天的仪式做准备。

到了行像当天，各尊佛像依次进入宣阳门，在阊阖宫前受皇帝散花。飘散的金花在阳光下熠熠生辉，宝盖如浮云一般遮天蔽日，旌旗如林，香烟缭绕，梵乐和诵经声在天地间回响。而且，像景明寺这样规模的寺院在当时的洛阳还不止一两所。

北魏鎏金刻花银碗

洛阳的商业活动也很繁荣。当时有专门设置的市场，如洛阳大市。市场里有演奏音乐的乐队，有酿酒的人，也有卖棺材、租灵车的人。有的富商腰缠万贯，衣食住行的条件都堪比皇帝。当时有很多来自西域乃至大秦的商人也来到洛阳做生意，还有不少外国人定居于此。

云冈石窟

南北朝时期，随着佛教的兴盛，开凿石窟的风潮也风靡全国。460年（北魏文成帝和平元年），在僧人昙曜（tán yào）的建议下，文成帝命人在平城西北云冈镇武州山的崖壁上开凿了五个石窟，这是云冈石窟的第一期工程。

一个人正卖力地敲鼓给大家加油鼓劲呢！你知道他在哪儿吗？

大家都在忙碌着，只有一个人孤零零地向远处张望着，他站在哪座佛像前面呢？

你知道这个人为什么如此激动吗？他看到了什么？在画面中找到他，你就知道了！

文成帝拓跋濬

昙曜

文明皇后冯氏

云冈石窟工程图

开凿石窟，雕刻佛像当然离不开僧人的指导，有三个僧人正在对建造中的佛像提出意见，看来工人们又要忙活起来了。

佛教与石窟有什么关系？

石窟是营建在岩石、山崖上的寺院。石窟艺术源于古印度，由于那里地处南亚次大陆，气候湿热，雨季漫长，所以古印度人就选择了在冬暖夏凉的天然岩洞中起居打坐，修炼自己的身心。

1世纪，伴随着佛教东来，石窟艺术也在中华大地上落地生根，到了南北朝时期，更是形成了一股热潮。

这一时期著名的石窟除了山西大同的云冈石窟，还有甘肃武威天梯山石窟、河南洛阳的龙门石窟和甘肃敦煌的莫高窟。

这几大石窟中，天梯山石窟开创最早，而龙门石窟与云冈石窟同为北魏皇室所开，莫高窟则因为后来的敦煌文献而闻名天下。

莫高窟外景

闻名中外的莫高窟壁画

云冈石窟与天梯山石窟有什么渊源？

十六国时期，凉州是佛教文化传播与发展的中心，许多著名的高僧都来这里讲经译经，弘扬佛法，北凉皇帝沮渠蒙逊着力宣扬佛教的"六道轮回"说，同时召集天下能工巧匠云集凉州，开窟造像以示虔诚。凉州天梯山石窟，也称大佛寺，便是当时中国佛教文化艺术的代表。

439年，北魏灭掉北凉，同时将凉州的世家大族、佛儒学者、僧人、工匠等几万人迁徙到当时的首都平城，据说，其中就有后来主持修建云冈石窟的僧人昙曜。

昙曜是如何修建云冈石窟的？

昙曜，西域人，具体生卒年月不详，从小修禅，在佛学和建筑方面造诣颇深。他长期生活在凉州，后来移居中山（今河北定县）。

北魏文成帝即位的第二年（453年），昙曜来到京都平城，被文成帝奉为帝师，成为佛门的最高领袖。

昙曜建议皇帝开凿石窟、雕刻佛像，并获得同意。于是昙曜带领工人，在平城西北云冈镇武州山的崖壁上开凿了五个石窟，在每个石窟内各雕刻了一座大佛像。这五座大佛的姿态虽然有坐有站，有释迦牟尼佛，还有两腿相交的弥勒佛，但它们的面容却是中国人的样子，据说就是按照北魏开国以来的五位皇帝的容貌雕凿而成的，这五个石窟被称为"昙曜五窟"。

在昙曜之后，石窟的开凿没有停止。文成帝之后的历代帝王，倾全国的赀（zī）赋收入，旷日持久地进行浩大的凿窟雕像工程，才建成今天所见的栉比相连、数量众多的云冈石窟群。

昙曜五窟

云冈石窟内景

除了开凿石窟，昙曜还做了什么？

除了开凿石窟、修建寺庙，昙曜在译经方面也颇有建树。为了更好地普及佛法，昙曜积极组织翻译佛经的工作，他邀请高僧大德（大德是宗教用语，佛、道等宗教对年长的僧人和道士的敬称），于云冈石窟通乐寺共同译出《净度三昧经》《付法藏因缘传》等。

这些翻译的内容融合了中国文化、思想、民俗等，明白易解，为广大百姓所接受，形成了百姓心中的安定力量，同时也有利于传播佛法。

洛阳龙门石窟

云冈石窟的早期石窟雕像中，佛像的表情威严冷酷，显示出一种劲健、浑厚、质朴的风格。而龙门石窟的雕像大多面带微笑，带有生活气息，风格趋向活泼、清秀、温和。

我们可以通过观察对佛教经典人物维摩诘形象塑造的区别来观察二者风格的不同。云冈石窟第一窟中有一尊维摩诘像，头戴典型的北方少数民族服饰——尖顶帽。龙门石窟则不同，在一幅维摩诘题材的作品中，维摩诘头戴高帽，身穿褒衣博带的汉族服饰，与东晋画家顾恺之在江宁瓦官寺所绘的病维摩形象十分相似。这一变化反映了民族融合的历史进程。

为什么魏晋南北朝时期的佛教如此盛行？

魏晋南北朝时期是佛教在中国广泛发展的时期，其盛行原因是多方面的。

首先，由于战乱频繁，百姓的生活朝不保夕，于是纷纷投身于佛教，以缓解自己的痛苦。所以，当时佛教的信徒很多。

此外，当时的统治者大多笃信或提倡佛教，并且利用佛教作为让百姓服从统治的手段，因而主持修建了很多佛寺。寺院占有大量土地，而且有免除租税和役调的特权。这些经济上的特权也促进了佛教的盛行。为了逃避沉重的租税役调，不少人都跑到寺庙里出家，甚至去做寺庙奴隶。

龙门石窟是什么时候开凿的？

根据《魏书》记载，龙门石窟的开凿晚于云冈石窟，始建于北魏太和年间，也就是孝文帝迁都洛阳之际。此后在东魏与西魏、北齐与北周、隋、唐、五代、北宋、明都有修复和续作，其中以北魏和唐代的开凿活动规模最大。

自古以来，龙门山色被列入洛阳八大景之冠，唐代大诗人白居易曾说："洛都四郊，山水之胜，龙门首焉。"2000 年，龙门石窟被联合国教科文组织列入世界文化遗产名录。

云冈石窟和龙门石窟相比较，两者各有什么特点？

从云冈到龙门，雕像的形象从少数民族的色彩比较浓厚转变为汉族的形象比较明显，这也反映了北魏把都城迁到中原地区之后，鲜卑族逐渐汉化的历史进程。

> **知识拓展：维摩诘是谁？**
>
> 维摩诘，早期佛教著名居士、在家菩萨（在家是佛教专有名词，是"出家"的对称，意思是不出家当和尚，在家修行）。据《维摩诘经》介绍，他是古印度吠离城中的一个富翁，家财万贯，奴婢成群，家庭美满。但是，他勤于攻读，虔诚修行，修为出众。
>
> 三国时代，《维摩诘经》开始在我国盛行，历代以来，有多达 7 种汉译本，目前以鸠摩罗什所译最为流畅，评价最高，流通也最广，成为在家居士奉为圭臬（guī niè）的修行宝典。
>
> 大家熟识的唐代诗人王维，就非常崇拜维摩诘，所以字"摩诘"，又兼他的诗文空灵而富有禅意，也被称为"诗佛"。

北宋·李公麟《维摩演教图》，现藏于北京故宫博物院

宇文泰兵制改革

北魏末年，北方六镇等地相继爆发起义，虽然这些起义都得以平定，但是尔朱荣、高欢、宇文泰这些掌握军队的权臣却陆续崛起。在宇文泰的锐意改革下，历史局势也在悄然扭转。

东魏军队

西魏军队

府兵训练

宇文泰

一对士兵正在进行实战演练，谁能在这场对战中取得胜利呢？

←← 为什么说北方六镇改变了历史的走向？ →→

为了防范北方的少数民族柔然，北魏前期在首都平城以北的边境设立了六个军镇，分别是沃野、怀朔、武川、抚冥、柔玄、怀荒。这就是北方六镇。

六镇建立之初，北魏的主要敌人还是北方的柔然，所以六镇的地位在当时异常重要，北魏的武将也基本从六镇提拔。孝文帝迁都洛阳之后，着重经营中原，北方六镇的地位逐渐下降。

即便如此，六镇出身的很多英雄豪杰，仍长期活跃在北朝的政治舞台，从而改变了历史的未来走向。这些人包括：

宇文泰，西魏的幕后掌权者，北周的实际建立者，来自武川镇；

高欢，东魏的幕后掌权者，北齐的实际建立者，来自怀朔镇；

杨坚，北周宣帝宇文赟（yūn）的岳父，隋朝的建立者，来自武川镇；

李渊，北周明帝宇文毓是他的姨父，唐朝的建立者，来自武川镇。

隋文帝杨坚（541—604年），弘农华阴（今陕西华阴）人，隋朝开国皇帝（581—604年在位）。开皇九年（589年），派晋王杨广南下平陈。第二年，隋派使臣安抚岭南，结束了自东晋十六国以来270余年的分裂割据局面，实现了全国统一。统一全国后，杨坚励精图治，开创了辉煌的"开皇之治"。但是，晚年的杨坚多疑，好猜忌，废太子杨勇，立杨广为太子，为亡国埋下了祸根

为什么会发生六镇起义？

孝文帝迁都洛阳之后，平城不再是国都，六镇也失去了军事上的意义。随着鲜卑族的汉化程度加深，文化日趋繁荣，士族地位上升，而武人的地位一落千丈。此外，六镇将领强占肥沃的土地，克扣粮饷，士兵生活艰难，社会矛盾尖锐。

523年，怀荒镇民发动起义，而后，沃野镇民在匈奴人破六韩拔陵的领导下起义，附近各镇人民纷纷响应。六镇起义爆发后，接着又爆发了关陇、河北、青州起义。北魏为了平定起义下了很大功夫，甚至还去找昔日的敌人柔然搬救兵。

这些起义虽然被平定了，但北魏王朝也受到了严重打击，只有依靠掌握军队的权臣才能维系下去，比如在六镇起义中崛起的尔朱荣，以及尔朱荣的后继者高欢、宇文泰。这些大权在握的人都是"挟天子以令诸侯"，表面上高举勤王旗帜，实际上操纵了北魏王朝，逐步实现自己的篡权计划。

北魏是如何分裂为西魏和东魏的？

北魏的分裂主要是由高欢和宇文泰这两个人造成的。

高欢是尔朱荣的部下，靠平定起义爬到高位，深得尔朱荣的赏识。后来，尔朱荣被毒死，他的侄子尔朱兆把持了朝政。高欢心中不服尔朱兆，用计谋掌控了六镇降户（起义军的残余力量，有20多万人），然后借助这支军队打败了尔朱兆，消灭了尔朱氏的势力。此后，高欢进入洛阳，成为新的掌权者。他杀掉尔朱氏的傀儡，扶植了自己的傀儡——孝武帝。

宇文泰也是通过跟随尔朱荣平定起义起家的，他是尔朱荣部将贺拔岳的部下。尔朱氏被消灭时，贺拔岳占据着关中地区。孝武帝不愿意当傀儡，秘密与贺拔岳联系，希望凭借贺拔岳之力牵制高欢，但贺拔岳却被高欢用计谋害。随后，宇文泰被推举为贺拔岳部新的统帅，平定秦、陇地区，成为权势仅次于高欢的人物。

孝武帝无法忍受高欢的控制，逃离洛阳，跑到长安投奔宇文泰。高欢在洛阳另立新皇帝孝静帝，宇文泰在长安拥护孝武帝，从此，北魏一分为二，形成了东魏与西魏对峙的局面。不过，两个皇帝都只是傀儡，实际掌权者分别是高欢和宇文泰。

西魏时期文物：独孤信多面体煤精组印，1981年出土于陕西省旬阳县。这枚印章是由26个大小不一的正方形和三角形组成的多面体，其中14个正方形印面上刻着规范的楷书阴文，现藏于陕西历史博物馆

鎏金佛菩萨三尊铜像为北魏晚期至东魏时期的文物，1999年出土于陕西省西安市未央区大刘寨，现藏于陕西历史博物馆

宇文泰为什么要创建"府兵制"？

宇文泰的部队主要来自六镇之一武川镇的鲜卑军人。后来，由于对东魏作战失利，宇文泰的军队损失了一大半。关中地区的鲜卑人不多，纯粹靠鲜卑人补员很困难，因此宇文泰不得不从汉人中征兵。

为了更好地配合建军工作，宇文泰采取鲜卑过去八部制和周礼六军的形式，建立了一套军队统辖系统。宇文泰、元欣、赵贵、李虎、李弼、于谨、独孤信、侯莫陈崇为八个柱国大将军。其中宇文泰是军队的最高统帅，元欣是西魏宗室，柱国大将军仅为虚名，并无实权。余下六位柱国大将军实际上统率六军，每个柱国大将军下有两个大将军，共十二大将军；每个大将军下有两个开府，共二十四开府；每个开府下有两个仪同，共四十八仪同。一个仪同领兵约1000人，一个开府领兵2000人，一个大将军领兵4000人，一个柱国大将军领兵8000人，六柱国合计兵力48000人左右，这支军队，就是历史上所说的"府兵"。

此外，军队将领恢复了昔日的鲜卑姓，即使是汉人也被赐予鲜卑姓：李虎赐姓大野氏，李弼赐姓徒何氏，赵贵赐姓乙佛氏，杨忠赐姓普六茹氏。士兵都以统率他们的将领的鲜卑姓氏作为自己的姓氏。这样一来，将领和士兵在形式上就具有了血缘关系，六镇鲜卑人与汉人结成亲密战友，从而促进了鲜卑族和汉族的融合。

什么是"兵农合一"？

随着历史的发展，府兵制逐渐与均田制结合起来，政府招募均田制下的农户成为府兵。府兵平时是耕种土地的农民，农隙训练，战时从军打仗。府兵自备参战武器和马匹，全国都有负责府兵选拔训练的折冲府。

这种兵农合一的府兵制，历北周、隋至唐初期而日趋完备，唐太宗时期达到鼎盛，唐玄宗天宝年间停废，历时约200年。

知识拓展：什么是均田制？

均田制是由北魏至唐朝前期实行的一种按人口分配土地的制度。

"均田制"的说法起源于《周礼》，但在宇文泰的改革之前，更多地存在于文献中，并没有施行的历史条件。而均田制之所以能在北魏时期推行，在于长期的战乱导致了黄河文明中心——华北的极度凋敝，出现了大量可分配的荒地。北魏的均田制规定，授田有露田、桑田之别，其中，露田只能种植谷物，不得买卖，死后要交还国家；桑田可以世代相传，不需交还国家，还可以进行买卖。

同府兵制一样，均田制被北周、隋、唐继承。到了唐朝中期，土地兼并日益严重，无法实行土地还授，均田制不得不废止。

五行大布是北周武帝宇文邕发行的货币，为著名的"北周三品"之一

宇文泰的改革有什么作用？

北魏分裂为东魏和西魏之后，东魏被北齐所取代，西魏被北周所取代。起初，北齐的实力比北周的实力更强。但是经过宇文泰的改革，北周逐渐强大起来，而北齐出现了暴君，国家逐渐衰败下去。

双方实力强弱对比的变化，从军队的防御措施中可见一斑。东西双方以一段黄河为界，之前，每到冬天河面结冰时，西边的士兵总要把冰面凿开，防止东边的军队利用坚冰过河入侵。后来，在冬天凿冰的人变成了东边的士兵。

最终，北周及其后继者隋完成了统一全国的历史任务。

北周鎏金银壶，1983年出土于宁夏固原南郊乡深沟村李贤夫妇合葬墓，描绘的是古希腊神话故事，是丝绸之路的产物，现藏于固原博物馆

兰陵王入阵曲

政权纷争会让社会动荡，人民流离失所，也会催生一些悲情英雄，比如北齐皇族兰陵王，他屡立战功，出生入死，却不能改变王朝灭亡的命运。兰陵王最后被昏庸的皇帝逼死，但他的故事却流传千古。

北周营帐

一个步兵竟然和一个敌军骑兵遭遇了，他们谁会获得胜利呢？

这个士兵蹑手蹑脚的样子十分引人怀疑，难道他想偷偷溜走吗？

一个骑兵因为骑术不精，在作战时竟然从马上摔下来了，你能从画面中找到这一幕吗？

齐

北齐军

齐

兰陵王

三个骑兵缠斗在一起，竟然难分胜负。你能找到这三个人吗？

在兰陵王的领导下，北齐将士的士气十分高涨，你能找到这个高举旗帜向前冲锋的士兵吗？

← 兰陵王作战时为什么要戴面具？ →

兰陵王名叫高肃，字长恭，他是权臣高欢的孙子，在军事方面很有才能，被封为"兰陵王"。他容貌清秀，是中国古代著名的美男子，因为担心在战场上不足以震慑敌人，于是每逢出战时都会戴上面目狰狞的面具。

兰陵王不仅"貌美而勇"（《资治通鉴·卷一百七十一》），而且为人温良敦厚。

据《北齐书·卷十一·列传第三》记载，兰陵王虽然贵为一军之帅，有些小事依然亲力亲为。每次得到了好东西，哪怕只是一个瓜几个果，也一定会和将士们分享。他以前做官的时候，有个叫阳士深的人告发他贪赃枉法，兰陵王因此被朝廷免职。不久，兰陵王被重新起用，阳士深却成了他的部下。阳士深害怕兰陵王打击报复，兰陵王听到之后却说："我从来没有这个意思。"阳士深心里不踏实，兰陵王只好找了个小过失做借口，打了阳士深 20 板子，算作对他的惩罚，让他安心。

兰陵王雕像

知识拓展：中国古代四大美男子都有谁？

中国古代四大美男子有两种说法，普遍认为是潘安、兰陵王、宋玉和卫玠（jiè），也有说法认为是潘安、兰陵王、嵇康和卫玠。

无论如何，兰陵王都位列其中。这里边最早的是战国时期的宋玉，其他几个都是魏晋南北朝时期的人。

宋玉是楚国著名的文学家，据说是屈原的学生。曾经有人跟楚王汇报说宋玉是个美男子，还能说会道，一定要提防宋玉，不要让他跑到后宫去，这也侧面说明了宋玉的英俊。

潘安，西晋时期著名的文学家，据说在当时因为出众的相貌和过人的才学，是家喻户晓的名人，他每次走在街上，都会有少女追着他的车给他献花，还会将新鲜的果子投掷到他的车上，这就是成语"掷果盈车"的由来。

卫玠，晋朝的玄学家、官员，自幼长得粉雕玉琢，到了少年时就更如同玉人一般。他的舅舅王济也长得很英俊，但还是感叹与卫玠一起出门，就像放了一颗明珠在身边，只会觉得自己形貌丑陋（出自《世说新语·容止》："骠骑王武子是卫玠之舅，俊爽有风姿，见玠辄叹曰：'珠玉在侧，觉我形秽！'"）。

嵇康就是前面讲到的竹林七贤之一，《晋书》里称赞嵇康："龙章凤姿嵇中散，孤松独立长遗叹。"嵇康因曾做过中散大夫，世称"嵇中散"，用"凤姿"和"孤松"来形容他的仪态，足见嵇康的潇洒风度。

潘安像

北齐政权是如何建立的？

北魏分裂为东魏、西魏之后，高欢把持着东魏的政权，后来，他在与西魏交战时染上重病，被迫撤军。西魏造谣高欢中箭受了重伤，高欢听说之后，带病勉强召集大臣开会。为了振奋人心，高欢让部将斛（hú）律金唱《敕勒歌》，他在旁边和（hè）。歌声慷慨悲壮，高欢流下眼泪。不久，高欢就病逝了。

高欢死后，他的长子高澄继承了他的职位，继续把持朝政。当高澄完成夺取东魏皇位的准备工作时，却遭到刺杀。刺客是南梁将领兰钦的儿子兰京，兰京被东魏俘虏后，被高澄安排到厨房干活。他怀恨在心，在高澄和手下商量如何取代东魏之时，趁进送食物的机会用刀杀死了高澄。因此，高氏集团取代东魏的进程推迟了。

高澄死后，他的弟弟高洋继承了他的职位。550 年，高洋取代东魏，即位称帝，改国号为"齐"，史称北齐。

北齐金饰，于山西省太原市北齐娄睿墓出土，现藏于南京博物院

北齐时期陶瓷业发展迅猛，图为北齐黄绿釉凸贴宝相花龙柄凤首壶，现藏于山西博物院

北齐时期的佛像精美绝伦，极具辨识度，图为贴金彩绘石雕菩萨立像，现藏于山东青州博物馆

《兰陵王入阵曲》和兰陵王有什么关系？

《兰陵王入阵曲》产生于北齐与北周的一次战事。一次，北周发兵围攻洛阳，兰陵王与斛律金之子斛律光等人驰援，与北周军战于洛阳附近的邙山（又作芒山）。兰陵王亲自率领500骑兵冲进北周的军队，直奔洛阳附近的金墉城下，召城中齐军援助，最终大败周军。将士们一起唱歌歌颂他，这就是《兰陵王入阵曲》。

兰陵王后来的命运如何？

兰陵王功高震主，引起皇帝高纬的猜忌。邙山大捷之后，高纬对兰陵王说："你打仗的时候冲入敌阵太深了，太鲁莽了，假如失利，后悔都来不及。"兰陵王回答道："因为这是家事，所以我一心一意冲锋，把顾虑都抛到脑后了。"高纬听兰陵王把国事称为"家事"，怀疑他有篡权的想法，猜忌之心更重了。

兰陵王很担忧，故意接受贿赂来败坏自己的名声，希望通过这种方法让皇帝不再猜忌自己。手下建议他称病隐退，不要再过问政事，兰陵王深以为然，但一时还退不下来。

后来敌人进犯，兰陵王害怕再次被任命为将领去打仗，叹息道："我去年这个时候脸肿了，今年怎么没发作？"自此以后，兰陵王得了病也不治。一位功勋卓著的军事将领，竟然被逼到如此境地。

但是，他的这些做法并没有换来皇帝的信任，573年（武平四年），高纬派人给兰陵王送来毒酒。兰陵王哭着对妃子郑氏说："我一直对皇帝忠心耿耿，我究竟做错了什么事，皇帝竟然想让我去死！"郑氏说："你为什么不去见皇帝，向他求求情？"其实，兰陵王心里知道，皇帝一直想置他于死地，他说："皇帝怎么可能会见我呢！"说罢，兰陵王怀着愤恨，饮下毒酒，死去了。

《兰陵王入阵曲》流传下来了吗？

《兰陵王入阵曲》源于将士们对兰陵王的歌颂，后来被北齐人编为舞蹈，"以效其指麾击刺之容"（模仿兰陵王摇旗指挥、刺杀敌人的样子）。

隋唐时，这一乐舞非常流行。唐玄宗在位时，认为《兰陵王入阵曲》不是"正声"，下令禁止演出。后来，这支乐舞逐渐失传。但当时中日交流频繁，《兰陵王入阵曲》传到了日本，一直流传至今。

今天，坐落于日本奈良的春日大社在举行古典乐舞表演时，《兰陵王入阵曲》仍是节目之一。

1992年，日本奈良大学派出雅乐团来到河北省磁县进行友好访问。雅乐团参拜了兰陵王墓，而后表演乐舞《兰陵王入阵曲》，以此告慰兰陵王的在天之灵。

兰陵王去世之后，北齐怎么样了？

北齐后主高纬是一个非常昏庸的皇帝，他残杀功臣，受害者除了兰陵王以外，还有斛律光，这无异于自毁长城。他穷奢极欲，天天吃喝玩乐，不理朝政。因为他曾亲自怀抱琵琶弹唱无愁曲，被百姓称为"无愁天子"，而北周则在北周武帝的领导下日益强盛。

576年，北周武帝讨伐北齐。北周军进攻平阳时，北齐后主正在和爱妃冯小怜打猎。战况紧急，信使传来消息，右丞相高阿那肱（gōng）却说："现在皇上玩得正开心呢，边境有点儿小摩擦是常有的事，晚些时候再报告吧。"直到晚上，信使报告平阳已经陷落，高阿那肱才上奏后主。然而，冯小怜还没玩够，请求"更杀一围"，后主居然弃战局于不顾，又和冯小怜去打猎了。

最终，北齐被北周所灭，贪玩的后主也被杀了。

清末北京民俗画家周培春笔下的冯小怜。《隋书》记载："齐后主有宠姬冯小怜，慧而有色，能弹琵琶，尤工歌舞。"

陈后主《玉树后庭花》

中国历史上文学素养好的皇帝不少，但因醉心文艺荒废朝政而亡国者不多，南陈后主陈叔宝（553—604年）就是一个，他的作品《玉树后庭花》也成为了亡国之音的代表。

你能找到这个站在角落里的宦官吗？他尽责地恭候在一旁，随时等待皇帝的召唤。

文士吟诗作赋

编钟和编磬（qìng）都是古代的打击乐器，你能分清它们吗？提示：敲击编磬的侍女衣服颜色与身边其他人是不同的。

朝堂上一片歌舞升平，只有一个人呆呆地坐在原地，他是没有灵感，还是早已认清奢靡之音背后危机四伏呢？

陈后主

张丽华

宫廷乐师

金碧辉煌的朝堂和陈后主的龙袍几乎都要融为一体了，你还能找到他吗？

你发现了吗？朝堂两侧的器物都是对称出现的，只有一样物品是单独出现的，聪明的你能找到这样东西吗？

后主是什么意思？

一个王朝的亡国之君往往被称为"后主"，比如蜀汉后主刘禅、北齐后主高纬和南陈后主陈叔宝。

陈叔宝是南陈开国之君陈武帝陈霸先的侄孙，陈宣帝陈顼（xū）的嫡长子。他自小生于深宫之中，长于妇人之手，所以只愿意享乐，不懂得也不愿意治理国家。作为一国之君，他不理朝政，却喜欢研究文学，每天都和一群文人在后庭玩乐，饮酒赏花，吟诗作赋，玩得不亦乐乎。结果，朝政荒废，国家一天天衰落下去。

这些文人包括江总、陈暄、孔范、王瑳（yuàn）等十多个人，当时人们称他们为"狎（xiá）客"（"狎"是玩弄的意思）。

南陈后主陈叔宝

位于浙江省湖州市长兴县的陈武帝故宫

南陈是怎样建立的？

侯景之乱以后，南朝的很多世家大族遭遇灭顶之灾，这让出身寒门而有才能的人有了出人头地的机会。南陈的创立者陈霸先就是这样的人。他通过平定侯景之乱而崛起，而后取代南梁，建立了陈朝，史称南陈。

作为寒门之子，陈霸先当了皇帝之后，依然保持着艰苦奋斗的作风，反对奢侈浪费。在他的影响下，南陈初年政治清明，官员大多廉洁奉公。

然而，南朝士人的奢靡之风依然阴魂不散，这种风气在南陈（同时也是南朝）的最后一位君主——陈后主身上，体现得淋漓尽致。

什么是《玉树后庭花》？

"后庭花"本来是一种花的名字，这种花生长在江南，因为大多在庭院中栽培而得名。后庭花的花朵有红白两种颜色，其中开白花的盛开之时，树冠就像玉一样美丽，所以又有了"玉树后庭花"之称。

唐代诗人杜牧在《泊秦淮》中曾写道："商女不知亡国恨，隔江犹唱《后庭花》。"这里的"后庭花"指的则是《玉树后庭花》这首以花为名的乐曲，它是乐府民歌中一种情歌的曲子。

北宋苏辙在《寓居六咏》自注："或言矮鸡冠花即玉树后庭花。"这是后庭花花名的最早记载

为什么说《玉树后庭花》是亡国之音？

据《陈书》记载，陈后主经常和宫廷内的文艺青年一起写诗，然后从中挑选出文辞艳丽的诗，谱上曲子写成歌，其中就有《玉树后庭花》。这些歌的内容主要都是赞美张贵妃、孔贵嫔的美貌。陈后主还挑选有姿色的宫女学唱这些歌，为自己伴奏。

在著名的宫廷建筑"三阁"落成之日，陈后主也曾填过词《玉树后庭花》以示庆祝："丽宇芳林对高阁，新妆艳质本倾城。映户凝娇乍不进，出帷含态笑相迎。妖姬脸似花含露，玉树流光照后庭。花开花落不长久，落红满地归寂中。"

陈后主沉湎于酒色而亡国，因此后人认为《玉树后庭花》是亡国之音。

但从文学艺术的角度来看，以陈后主为代表的宫廷诗人在诗词的创作和发展方面还是有贡献的，诗中"似花含露""玉树流光"的描写优美生动；全诗结构紧凑、回环照应，人景相互映衬，意象美不胜收。这首诗堪称宫体诗中的杰作。

陈后主的奢靡还体现在什么地方？

自开国以来，南陈的内廷陈设都很简朴，然而，陈后主却大兴土木，为自己和嫔妃修建了临春阁、结绮阁、望仙阁，也就是"三阁"。

陈后主住在临春阁内，张贵妃住在结绮阁，龚、孔两位贵嫔住在望仙阁，阁与阁之间以通道相连接。每座阁楼高数十丈，内有数十间房间，门窗、壁带、挂楣、栏杆都是檀香木制成的，并以金玉珠翠装饰。阁内所设宝床、宝帐，十分瑰丽珍奇。每每微风徐来，香气能飘散到数里之外，朝阳初升之时，阳光就能映照后庭。阁下积石为山，引水为池，种植奇花异草。陈后主的奢靡程度，可见一斑。

南朝·贵妇出行画像砖

南陈是怎么亡国的？

581 年，杨坚夺取北周政权，建立了隋朝，杨坚即隋文帝。陈后主声色犬马之时，隋文帝正在为灭陈做准备。

588 年，隋文帝发兵伐陈，陈后主却依旧纵酒行歌，认为自己可以凭长江天堑御敌。当然，这只是陈后主的妄想，隋军很快攻入建康。

据《南史·卷十·陈本纪下第十》记载，眼看隋军来了，大臣们纷纷逃跑，只剩下袁宪和夏侯公韵。二人劝陈后主端坐殿上，正色待之，陈后主却打算躲到井里。二人纷纷劝阻陈后主不要这么做，毕竟这样有失国体，甚至趴在井口上阻止陈后主。陈后主不听，和二人争执了半天，最终还是带着两个心爱的妃子——张贵妃和孔贵嫔，下到井底去了。

隋军很快就发现井底有人，并且大声呼唤陈后主，却没得到回应，直到隋军打算往井里扔石头，陈后主才回话。隋军放绳子下去，拉陈后主上来，拉的时候感觉非常重，隋军都以为陈后主是一个大胖子，谁知拉出井口一看才知道，原来绳子上拽着三个人。

不久，隋军平定了南方其他地区的抵抗，南陈灭亡，南北再次恢复统一。

冼夫人（约 512—602 年）即冼珍，南北朝时期高凉郡（今广东茂名）人，是当时高凉太守冯宝的妻子。她曾助陈统一岭南，在陈被隋灭国后，她率领族人归附隋朝，后被加封谯国夫人，去世后追谥"诚敬夫人"。她一生审时度势，爱国爱民，深得后人敬重

陈后主下场如何？

隋灭陈后，陈后主被送到了长安。隋文帝杨坚封他为长安县公，赐予豪宅，很受优待。据说，为了不让陈后主伤心，隋文帝特别吩咐不许宫廷鸣奏南方的音乐。

但亡国之后的陈后主仍每日沉迷酒色，据史籍记载，陈后主经常喝得醉醺醺的，很少有清醒的时候。

604 年，在陈朝灭亡 15 年之后，陈后主寿终正寝，享年 51 岁。

有人说《玉台新咏》是张丽华编的，这是真的吗？

《玉台新咏》是一部诗歌总集，共 10 卷，其中五言诗 8 卷、歌行 1 卷、五言四句诗 1 卷，共收录 769 篇作品。除第九卷中的《越人歌》相传作于春秋战国时期外，其余都是从汉朝到梁朝的作品。

《玉台新咏》收录的诗歌以奢靡绮丽的宫体诗为主，但同时还收录了汉代童谣歌这样语言明白的诗歌以及民间文学。中国古代长篇叙事诗《孔雀东南飞》最早就出现在《玉台新咏》中。总的来说，《玉台新咏》的内容中不仅包括了男女感情的记述表达，还有日常生活的方方面面，展示了古代女子丰富的感情世界和生存状况，反映了广阔的社会背景和深刻的文化内涵。

《玉台新咏》通常被认为是徐陵所编，但近年来也有学者提出异议，认为这部诗集应该是张丽华编写，徐陵作序。因此，关于这部书的编者其实仍存在争议，还没有一个定论。

知识拓展：陈后主为什么喜欢张贵妃？

张贵妃就是张丽华，是陈后主非常宠爱的一位妃子，她聪敏灵慧，记忆力很好，而且以"美发"著名。

据《南史·卷十二·列传第二》记载，张贵妃"发长七尺，鬓黑如漆，其光可鉴"。当她在高阁上梳妆时，宫中的人远远望去，就像看到了仙子一般。

陈后主继位之前，曾被想取代自己的弟弟陈叔陵砍伤，他养伤期间，只留下张丽华随侍，其他嫔妃都不得进，可见陈后主对她的宠爱。

六朝古都南京

南京是中国历史文化名城，三国时期的孙吴、东晋以及南朝的宋、齐、梁、陈都定都于此，因而也被称为"六朝古都"，见证了数百年的兴衰荣辱和朝代更迭⋯⋯

留在岸上观赏美景的人数量更多，熙熙攘攘、络绎不绝的行人把秦淮河两岸围得水泄不通。

夫子庙

有两个人虽然没有上船，但是他们站在秦淮河边的酒馆围栏旁，一边饮酒，一边赏月，真是快哉。

你能找到这只调皮的小猫吗？夜色把它的毛发都染成黑色的了。

游船

秦淮河

其他船上的人都是成双结对，只有这艘船上是一个人孤零零地在观景，你能找到这个落寞的人吗？

南京在六朝时有几个名字？

南京在六朝时有建业、建邺、建康三个名称。孙吴定都时，称建业。西晋武帝太康年间，改称建邺，今天南京市建邺区的区名就来源于此。西晋建兴年间，为避晋愍帝司马邺的讳，改成建康，这一名称一直沿用到南朝结束。

位于南京的栖霞寺始建于南北朝时期，是中国四大名刹之一，佛教"三论宗"的发源地

六朝为什么要在此定都？

南京之所以能够持续成为六朝的都城，其中比较重要的一个因素就是它的位置。

这里临长江天堑，被石头山、钟山等一系列山脉所环绕，这些山川构成了一道天然的防御屏障。诸葛亮曾说："钟山龙盘，石头虎踞，此乃帝王之宅也。"因此后人常用"龙盘虎踞"这个词指代南京。

在战争频繁的魏晋南北朝时期，北方的多次南下进攻都止步于长江，六朝正是凭借着自然屏障得以在南方偏安 300 多年。

位于南京的六朝博物馆，馆址是原六朝建康城的一部分，是中国展示六朝文物最全面的遗址博物馆，也是反映六朝文化最系统的专题博物馆

为什么提到南京，总离不开秦淮河？

南陈灭亡之后，建康城被隋军夷为平地，六朝繁华景象随之消散，江南的经济文化中心也开始东移。

隋唐以后，秦淮河渐趋衰落，但无数文人骚客却来此凭吊。唐朝诗人刘禹锡游金陵（金陵是南京在唐代的通称），看着以前非常显赫而后来成为废墟的王谢宅第，曾作《乌衣巷》一诗，慨叹这种历史变迁："朱雀桥边野草花，乌衣巷口夕阳斜。旧时王谢堂前燕，飞入寻常百姓家。"

六朝时期的南京是一座什么样的城市？

六朝时期，南京是南方最繁华的商业中心，城内市场一遍布，尤其集中于秦淮河两岸。据记载，当时光秦淮河北岸就有 100 多个大小市场，连接两岸的浮桥，在成为来往两岸的必经之路的同时，也成就了秦淮河的一片盛名。

不仅如此，秦淮河及夫子庙一带还是文人墨客聚会的胜地，两岸的乌衣巷、朱雀桥、桃叶渡纷纷化作诗酒风流，千百年来传于后世。东晋时，此地更是因为聚居了王、谢两大望族而名满天下。

南京还是中国较早传播佛教文化的地区之一，在佛教盛行的六朝时期，这里的佛教气息更是格外浓厚，寺庙林立，香火弥漫，是当时中国的佛教文化中心。

今天的乌衣巷

南宋时期，科举文化大大发展。1168 年（乾道四年），夫子庙学宫东侧开始修建江南贡院，经历代修缮扩建，在明清时期达到鼎盛，成为我国历史上规模最大、影响最广的科举考场，仅明清时期，全国就有半数以上官员出自江南贡院。因此，江南贡院被誉为"中国古代官员的摇篮"。

明清两代是十里秦淮的鼎盛时期，富贾云集，骚客往来，秦淮两岸，华灯灿烂，金粉楼台，鳞次栉比。

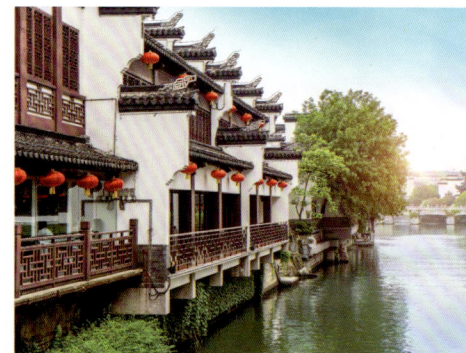

今天的秦淮河

可见，除了自然景观外，秦淮河畔的名气中还包含了更多的人文历史，所以秦淮河也被称为"南京的母亲河"。

云："山围故国周遭在，潮打空城寂寞回。淮水东边旧时月，夜深还过女墙来。"

可见，诗人笔下的石头城，已是一座荒芜寂寞的"空城"了。

"金陵"这个名称最早出现在什么时候？

"金陵"二字最早用于城名是在战国时期。

据记载，公元前333年，楚威王打败越国，杀越王无疆，在石头山（今清凉山）筑城，称为金陵邑，或石首城。

那时的钟山叫作金陵山，它的余脉小山都还没有自己的名字，当时的石头山是金陵山余脉的一部分，所以这座建在石头山上的城邑就被命名为"金陵邑"。

唐代《建康实录》对此有明确记载："因山立号，置金陵邑。"

石头城

石头城的称呼从何而来？

石头城的来历要从三国时期的孙权说起。赤壁之战后，孙权将首都迁移到秣陵（今南京），并改称为建业。第二年，他又在清凉山原有城基上修建了著名的石头城。

当时长江就从清凉山下流过，因而石头城的军事地位十分突出，孙吴也一直将此处作为最主要的水军基地。此后数百年间，这里成为战守的军事重镇，南北战争往往以夺取石头城决定胜负。

唐代以后，长江水流日渐西移，石头城便开始废弃，所以唐诗人刘禹锡作《石头城》一诗

还有哪些王朝曾定都于南京？

在2500多年的建城史中，南京一共换了20多个名字。除了六朝之外，五代十国时期的南唐、明朝初期也以南京为都城（"南京"正式名称也出现在明朝，1368年朱元璋以应天府为"南京"，并将北宋旧都开封府定为"北京"），算起来总共有500多年的建都史，是名副其实的历史文化名城。

南唐和唐有关系吗？

有，南唐是唐朝灭亡后建立起来的地方割据政权之一。

隋唐时期，随着东南地区的开发和漕运的兴盛，以扬州为中心的江淮一代非常富足。在唐朝末年的藩镇割据中，淮南节度使杨行密被封为"吴王"。

937年，吴国的权臣徐知诰代吴自立，改名李昪，自称是唐朝后裔，将国号改为大唐，史称"南唐"。南唐定都金陵，先后经历过李昪、李璟、李煜三朝，共38年时间。

虽然南唐存在的时间不长，但立国之后，对外休兵罢战，鼓励商业和经济发展，尤其在文学艺术方面有着很高的成就。大家熟知的南唐后主李煜，堪称一代"词宗"。这种盛况在五代十国的割据政权中，是非常罕见的。

李煜（937—978年），初名从嘉，字重光，号钟隐、莲峰居士，徐州（今属江苏）人。他精书法、工绘画、通音律，诗文均有一定造诣，尤以词的成就最高。亡国后，他的词作更是含意深沉，别树一帜，对后世词坛影响深远

知识拓展：南唐后主和南陈后主的命运

人们常常喜欢把南唐后主李煜与400年前的南陈后主陈叔宝相提并论，这是为什么呢？

首先，他们的身份际遇相似：南陈是南北朝分裂时期的南方政权，南唐也是唐朝灭亡后，地方分裂政权"五代十国"之一。而且二人同为文学艺术上成就很高，但是无心政事的亡国之君，陈叔宝专宠张贵妃和孔贵嫔，李煜专宠大小周后。

不过，李煜的结局更加令人感慨，在兵败降宋之后，虽然也受到了优待，但是与整日醉酒，甚至被称为"全无心肝之人"的陈叔宝相比，李煜却选择了用诗词创作来抒发亡国的悲痛，3年后就郁郁而终。

关于李煜之死，也有人认为是他怀念故国引起了宋太宗的不满，所以被赐毒酒身亡。